Die

Wohnungsnot in den Groſsstädten

und die

Mittel zu ihrer Abhülfe.

Von

Dr. Heinrich Albrecht.

München.

Druck und Verlag von R. Oldenbourg.

1891.

Vorwort.

Ein Versuch, den wir vor kurzem unternommen haben, das Interesse für die Arbeiterwohnungsfrage durch eine gemeinverständliche Darstellung in einer der gelesensten Monatsschriften[1]) in weiteren Kreisen anzuregen, hat, wie uns zahlreiche Zuschriften aus den verschiedensten Gesellschaftsschichten beweisen, eine überaus freundliche Aufnahme gefunden. Inzwischen ist diese Frage, die eins der wichtigsten Probleme unseres sozialen Lebens umfaſst, in einer Weise in Fluſs geraten, die täglich neue Anregungen und Vorschläge zu ihrer Lösung zeitigt. Wohin man heute den Blick lenkt, in der Tagespresse, in der Fachpresse, in den Verhandlungen der verschiedenartigsten Vereine, überall steht dieses Thema im Vordergrunde der Erörterungen. Selbst für den, der sich eingehend mit der Frage beschäftigt, ist es schwierig, sich fortlaufend mit allen Neuerscheinungen auf diesem Gebiete bekannt zu machen. Wir dürfen daher vielleicht auf Dank rechnen, wenn wir den Versuch erneuern, den augenblicklichen Stand der Frage in einer etwas erweiterten Darstellung zu fixieren. Auſser der erwähnten Veröffentlichung, deren Benutzung für den vorliegenden Zweck uns seitens der Verleger derselben freundlichst gestattet wurde, liegt dieser Darstellung eine Reihe von Artikeln zu Grunde, die wir vor kurzem in einer Fachzeitschrift[2]) publiziert haben. Wir glaubten, den Wert dieser Abhandlung durch die anhangsweise wörtliche Wiedergabe einer Reihe von Dokumenten zu erhöhen, die für die praktische Inangriffnahme der zahlreichen vorliegenden Probleme von Bedeutung sind.

Groſs-Lichterfelde b. Berlin im Juli 1891.

Dr. H. Albrecht.

[1]) Deutsche Rundschau, November und Dezember 1890. Berlin, Gebr. Paetel.
[2]) Gesundheitsingenieur 1891 No. 12 ff. München, R. Oldenbourg.

Einleitung.

„Eine Reihe von Hütten, die einen traurigen Fleck Erde umgeben, der mit schmutzigen, auseinandergerissenen Kehricht- und Düngerhaufen, altem Bauholz und allerlei undefinierbarem Unrat bedeckt ist. Die Mauern sind in einer höchst elenden Verfassung: der Putz fällt von den Wänden; auf einer Treppe ist ein Eimer hingestellt, um den Regen aufzufangen, der durch das Dach läuft. Die Treppen haben kein Licht, und das Geländer ist fort, die Mieter haben es als Heizmaterial benutzt. Die Thüren klaffen weit auseinander und fallen fast in die Zimmer hinein. Das mit allerlei dem Wirt gehörigem Gerümpel gefüllte Waschhaus ist verschlossen. Die Mieter müssen in ihren engen Gelassen, in denen sie kochen, essen und schlafen, auch noch waschen. Die Kehrichtgrube liegt mitten im Hofe, der ganzen Nachbarschaft zugänglich, und die Jungen zerren die unsaubersten Dinge daraus hervor und schleppen sie über den ganzen Hof. Das Pflaster des hinteren Hofes ist aufgerissen, und in den Löchern stehen grofse Pfützen, von denen die Feuchtigkeit in die Umfassungsmauern der Häuser hinaufzieht. Eine grofse schmutzige Cisterne nimmt das Leitungswasser auf; sie leckt, und wer seine Eimer nicht füllt, wenn das Wasser einfliefst, oder wer keinen Eimer hat, bekommt kein Wasser.“ So beschreibt Octavia Hill in ihrem berühmten Buch, „Homes of the London Poor“, die Stätten, die vor zwanzig Jahren hunderttausenden von Londoner Arbeitern zur Wohnung dienten. Wir durchwandern mit ihr an einem feuchten, nebeligen Abend jene schmutzigen Höfe, deren Dunkelheit in grellem Kontrast steht zu den hell erleuchteten Schenken in den Vorderhäusern. Die Thüren stehen Tag und Nacht offen, und wenn wir uns die Kellertreppen hinabgetastet haben, deren Stufen entzwei sind und schlüpfrig von dem hart gewordenen Schmutz, der sie bedeckt; wenn die faulen Gerüche, denen die schwere feuchte Luft keinen Weg ins Freie läſst, uns den Atem benehmen, dann befällt uns Entsetzen bei dem Gedanken, daſs es menschliche Wesen sind, die Tag aus Tag ein in einer solchen Atmosphäre, in solcher Umgebung existieren. Denn solche Zustände und schlimmere sind in unseren modernen Groſsstädten heute leider keineswegs ein überwundener Standpunkt. Presse und Parlament haben noch vor wenigen Jahren in England die traurige Gelegenheit gehabt, sich mit der Wohnungsnot der ärmeren Klassen eingehend zu beschäftigen. Dabei sind haarsträubende Dinge an den Tag gekommen. In anderen groſsen Städten verbirgt sich, von der groſsen Menge nicht gekannt, kaum minderes Elend in den engen Höfen und Gassen der entlegenen Stadtteile, die der untersten Schicht der Bevölkerung zum Aufenthalt dienen. Es fehlt nur die Hand, die den verhüllenden Schleier von manchem hinwegzieht, das sich vor den Blicken verbirgt. Wir brauchen dabei gar nicht einmal an Zustände zu denken, wie sie uns aus den Bettlerquartieren von Paris und den New-Yorker Hafendistrikten von Zeit zu Zeit in sensationellem Gewande berichtet werden. Auch wir in Deutschland haben eine Wohnungsnot. „Periodisch, wenn aus dem Zusammenströmen der Menschen in die groſsen Städte infolge stärkerer Anspannung der industriellen Thätigkeit, aus dem Hindrängen der Arbeiterklassen, insbesondere in die groſsen Centren des Verkehrs besonders schreiende Übelstände hervortreten, richtet sich die öffentliche Meinung mit Lebhaftigkeit auf die Frage und sucht nach Mitteln der Abhilfe, ergreift hier und da einige Palliative[1]).“ Dann kommen wieder Zeiten rückgehender gewerblicher und industrieller Thätigkeit. Das Übel wird für eine Weile latent, aber aus der Welt geschafft ist es nicht.

Der Verein für Sozialpolitik hat vor einigen Jahren den Beschluſs zur Ausführung gebracht, den gegenwärtigen Zustand der Wohnungsverhältnisse, namentlich der arbeitenden Klassen in den groſsen Städten, einmal genau zu untersuchen, um auf Grund der festgestellten Miſsstände Mittel zu deren Abhilfe zu finden. Im Laufe des Jahres 1886 sind in zwei Bänden der „Schriften“ des Vereins[2]) eine Reihe von Gutachten und Berichten herausgegeben,

---

[1]) Miquel, Maſsregeln zur Erreichung gesunden Wohnens. Verhandlungen des Deutschen Vereins für öffentliche Gesundheitspflege. Braunschweig, 1888.

[2]) Leipzig, Duncker & Humblot.

die ein grofses und nach vielen Richtungen interessantes Detail über diese wichtige Frage beigebracht haben. Aus Berlin, Hamburg, Breslau, Frankfurt a. M., Strafsburg, Elberfeld, Dortmund, Bochum, Essen, Crefeld, Osnabrück, Leipzig, Chemnitz liegen eingehende, von sachkundigen und gewissenhaften Beobachtern gesammelte Erfahrungen vor, die unzweideutig ergeben haben, dafs die Wohnungsnot auch bei uns in Deutschland keineswegs ein vorübergehender, periodisch verschwindender und periodisch wiederkehrender Zustand ist, sondern dafs der Mangel an gesunden und einigermafsen billigen Wohnungen eine ständige Erscheinung in unserem sozialen Leben bildet.

Die Wohnung ist einer der wichtigsten Faktoren der sozialen Wohlfahrt, der Zufriedenheit und Ruhe des Volkes[1]). Wer von uns weifs nicht, welchen Einflufs eine freundliche, bequeme Wohnung auf die darin Lebenden ausübt? Wer wünscht sich nicht eine Wohnung, in welche die Sonne hineinscheint, deren Luft frisch, deren Inneres rein und lächelnd, die bequem eingerichtet ist, eine Wohnung, in der heitere und gesunde Menschen den Heimkehrenden empfangen, in welcher der Arbeiter nach körperlichen oder geistigen Mühen ausruhen oder sich zerstreuen kann? Überall, besonders in den grofsen Städten, gibt es eine ungeheure Anzahl von Menschen, die den gröfsten Teil ihrer Tage in Körper und Geist aufreibender Arbeit, aufserhalb ihrer Wohnung, fern von ihrer Familie hinzubringen genötigt sind. Wird nicht der Gedanke, dafs nach der Arbeit ein freundliches Heim ihrer wartet, für sie von zauberhafter Wirkung sein? Wird der Arbeiter nicht, sobald er sein Tagewerk vollendet hat, nach Hause eilen, und wird er nicht gern daheim bleiben, wenn seine Pflicht ihn nicht anderwärts hinruft?

Wenn hingegen die Wohnung, in der er arbeitet oder die ihn erwartet, ein finsteres, schmutziges Loch mit verpesteter Luft, mit schimmeligen Möbeln, mit einem kalten oder rauchenden Ofen ist; wenn in dieser Wohnung kränkliche, abgemagerte Familienglieder ächzen; wenn er den Raum darin noch mit fremden, rohen und verderbten Menschen teilen mufs, so dafs ihm kaum ein Plätzchen bleibt, wohin er sein müdes Haupt legt — wird jemand in einer solchen Wohnung mit Freuden arbeiten? wird er nach der Arbeit nach Hause eilen? und wenn er zu Hause ist, wird er nicht suchen,

---

[1]) Fodor, Das gesunde Haus und die gesunde Wohnung. Braunschweig, 1878.

von da fortzukommen? Gewifs. Und wohin geht er? In's Wirtshaus, in die Branntweinkneipe, wohin immer, wenn er nur sein unfreundliches Heim mit einem weniger abstofsenden Aufenthalt vertauschen kann. Wie oft haben wir die Erfahrung gemacht, dafs bei der fortdauernden Wanderschaft, zu der die immer steigenden Mietpreise wenig bemittelte Familien, namentlich wenn sie viele Kinder haben, zwingen, jeder Sinn für Sparsamkeit, häusliches Behagen, Familienleben verloren geht; dafs in kurzer Zeit aus tüchtigen Menschen lüderliche Leute werden. Und das ist leider noch nicht die schlimmste Seite der Wohnungsnot. Wenn wir oft in einer Wohnung, die aus einem einzigen Raum besteht, Eltern, Kinder und aufserdem Schlafleute beiderlei Geschlechts zusammengepfercht sehen, was soll da aus der heranwachsenden Generation in sittlicher Beziehung werden? Ist es ein Wunder, wenn in diesem Nachwuchs jedes Gefühl für Scham erstickt, wenn Prostitution und Laster als etwas ganz selbstverständliches betrachtet werden? Oder wenn der junge Bursche vom Lande, gelockt durch die Aussicht auf einen scheinbar höheren Verdienst, in die Stadt zieht und sein elendes Quartier mit alten Verbrechern zu teilen gezwungen ist, wie sollte es anders kommen, als dafs er, in seinen Erwartungen getäuscht, selbst nach und nach auf die Bahn des Verbrechens gezogen wird?

Gebt dem Volk freundliche, reine Wohnungen, gewöhnt es an solche, und die ganze Gesellschaft wird in sozialer Beziehung ungeheure Fortschritte machen. Die Wohnungsfrage ist, wie Miquel betont hat, nicht identisch mit der Lohnfrage; ihr einziges Abhilfsmittel liegt nicht in der Erhöhung des Lohnes, in der allgemeinen Verbesserung der Lage der arbeitenden Klassen. Denn was jemand mit der ihm gewordenen Einnahme an menschlichen Lebensbedürfnissen sich verschaffen kann, ist durchaus nicht gleichbedeutend mit der Frage der Erhöhung des Lohnes. Mit demselben Betrage kann man zu gewissen Zeiten Nahrungsmittel billig, zu anderen Zeiten nur teuer kaufen; die Wohnungen können billig und gut, schlecht und teuer sein. Die Wohnungsfrage kann und mufs daher unabhängig von der Lohnfrage in Angriff genommen werden. Sie bildet für sich eins der bedeutsamsten Probleme, an dessen Lösung Staat und Gemeinde, Kapital und Einzelbestrebung gleichzeitig interessiert und, wie wir sehen werden, gleichmäfsig mitzuwirken berufen sind.

I.

Die Wohnungsnot ist keine für unser Zeitalter allein charakteristische Erscheinung. Schon im Altertum, zur Zeit der römischen Republik, in erhöhtem Maſse aber unter den Kaisern finden wir, daſs das Vorhandensein einer mit allen ihren Gefahren verbundenen Wohnungsnot das öffentliche Interesse erregte, und daſs Gesetze und sonstige Maſsregeln zu ihrer Milderung erlassen wurden. Die Miethäuser im alten Rom waren, wie Friedländer in seiner „Sittengeschichte“ berichtet, meist von Spekulanten auf das gewissenloseste gebaut. Die Spekulation war lockend, aber gefährlich. Sie warf im günstigen Falle einen sehr hohen Gewinn ab, aber bei den in Rom so häufigen Bränden konnte sehr leicht das Kapital verloren gehen. Die Unternehmer suchten daher so wohlfeil zu bauen, daſs sie selbst in diesem Falle schon aus dem Mietertrage weniger Jahre einen Überschuſs erzielt oder wenigstens das Kapital gedeckt haben konnten. Ein groſser Teil der Miethäuser war also baufällig. Die notwendigsten Ausbesserungen wurden vernachlässigt oder ungenügend ausgeführt. Einstürze gehörten infolgedessen neben den Bränden schon in der letzten Zeit der Republik zu den eigentümlichen Übeln Roms. Furcht vor den Gefahren des Einsturzes war es auch, weshalb die gröſste erlaubte Höhe der Häuser mehrmals — unter Augustus auf 70, unter Trajan auf 60 Fuſs — festgesetzt ward. Wie es unter diesen Umständen mit der sanitären Beschaffenheit jener Häuser aussah, kann man sich leicht vorstellen. Schutz gegen Witterungseinflüsse war der einzige Zweck bei den Häusern der Alten, das Mobiliar auf das allerunentbehrlichste beschränkt, so daſs wenigstens vier der pompejanischen Zimmer oder Kammern in einem mäſsig groſsen unserer Zeit Platz finden. Die Quartiere der Sklaven waren in der Regel nur notdürftig hergerichtete Schlafräume, und eine nicht geringe Zahl mag überhaupt im Freien oder in offenen Gewölben übernachtet haben.

Die gröfseren Städte des Mittelalters charakterisieren die durch die Festungseigenschaft derselben bedingte Enge der Strafsen und die allen freien Luftzug abhaltenden hohen Stadtmauern mit ihren sumpfigen Wassergräben. Wo kaum fünf bis zehn Menschen bequem Platz hatten, waren hundert zusammengepfercht, und wenn wir sehen, dafs die Epidemieen damals heftiger wüteten, als wann immer vorher und seitdem, so können wir nicht umhin, zu denken, dafs dazu auch der Zustand der Wohnhäuser, der Schmutz, die Überfülltheit, die verpestete Atmosphäre derselben und der infizierte Boden das ihrige beigetragen haben.

In unseren modernen Städten sind die Ursachen der Wohnungsnot anderer Art. Die Entwickelung der Technik im Dampfzeitalter mit der daraus folgenden Arbeitsteilung in der Industrie, die Vervollkommnung der Verkehrsmittel, Gewerbefreiheit und Freizügigkeit — alles dieses zusammen hat eine vollkommene Verschiebung in den Bevölkerungsverhältnissen hervorgebracht. Die Städte sind rasch ins ungemessene gewachsen. Die rasche Bevölkerungszunahme der Städte ist gewifs der Hauptanlafs für die Wohnungsnot geworden, weil mit der Vermehrung der Bevölkerung, insbesondere der besitzlosen, die Zunahme der kleinen Wohnungen nicht immer Schritt gehalten hat. Denn es ist eine häufig wiederkehrende Erscheinung, dafs die Bauspekulation sich trotz des Mangels an kleinen Wohnungen mit Vorliebe der Herstellung gröfserer Quartiere zuwendet. Es besteht begreiflicherweise eine Abneigung der Kapitalisten gegen den Ankauf von Miethäusern mit einer grofsen Anzahl von kleinen Wohnungen, da das Einziehen kleiner Mietbeträge viel Mühe verursacht, öfter auch wegen Unvermögens der Bewohner erfolglos bleibt. Die Bauspekulanten lassen die Häuser mit kleinen Wohnungen um so mehr aufser acht, als die Herstellungskosten solcher Gebäude wegen der baupolizeilichen Vorschriften im allgemeinen nicht so wesentlich niedriger sind, als die für Häuser mit mittleren und teuren Wohnungen. Die erhöhte Nachfrage nach kleinen Wohnungen bewirkt alsbald eine Steigerung der Mietspreise. Eine Abschreckung der Zuziehenden tritt dadurch nicht ein, denn alle Auswanderer sind von Lebensmut und Hoffnung beseelt, so dafs sie die Existenzschwierigkeiten an den Orten ihrer künftigen Thätigkeit geneigt sind, zu unterschätzen. Die anhaltende Steigerung der Mietspreise bewirkt, dafs ein Teil der Bevölkerung in immer engeren, ungesunderen Wohnungen ein Unterkommen suchen mufs.

Weiter ist es aber auch recht wohl denkbar, dafs der Wegfall vorhanden gewesener Wohnungen die Einwohner eines Ortes oder Ortsteiles nötigt, enger zusammenzurücken. In vielen Teilen von London z. B. hat sich, namentlich durch Eisenbahnbauten, die Zahl der Häuser stark vermindert; aber die Folge ist nicht gewesen, dafs die Bewohner sich zerstreut, sondern, dass sie sich in den übrig bleibenden Wohnungen um so dichter zusammengedrängt haben. Etwas ähnliches hat sich in neuester Zeit in Hamburg[1]) durch die Ausführung der mit dem Anschlufs Hamburgs an das Zollgebiet verbundenen Bauten vollzogen. Diese Arbeiten haben in den Jahren 1883 und 1884 allein den Abbruch von über 500 Häusern bedingt, infolge dessen 16000 Bewohner gezwungen waren, sich eine neue Wohnung zu suchen. Die geräumten Wohnungen gehörten zum bei weitem gröfsten Teile zu den dürftigsten, aber auch billigsten Wohngelassen der Stadt. Da gleich billige Wohnungen, welche die vertriebenen Bewohner hätten aufnehmen können, nur in ganz geringem Mafse zur Verfügung standen, so waren letztere gezwungen, eine gröfsere und teuerere Wohnung zu nehmen, als ihr Einkommen es erlaubte. Die in eine solche Notlage Versetzten suchten dieselbe dadurch zu überwinden, dafs sie Einlogierer, bezw. Schlafleute, aufnahmen, oder dafs zwei Haushaltungen zusammen eine Wohnung bezogen — der pekuniäre Nachteil wurde dadurch aufgehoben, dafür aber ein ethisch um so schlimmerer Zustand eingetauscht. Solche Verhältnisse machen häufig den besten Willen derer, die helfen wollen, illusorisch. In Frankfurt a. M.[2]) hat unter anderm ein Bau- und Sparverein kleine Häuser mit je zwei Wohnungen von zwei oder drei Zimmern und Küche auf dem Stockwerk erbaut. Die Mieter dieser kleinen Logis haben aber fast alle, um sich die Miete zu erleichtern, Aftermieter aufgenommen, und so herrscht in diesen prachtvoll gesund gelegenen und an sich praktisch eingerichteten Wohnungen ein Schmutz, eine Verwahrlosung und eine Überfüllung, wie sie ärger nicht gedacht werden kann.

In einer ganzen Reihe unserer grofsen Städte wurde der Mangel an kleinen Wohnungen durch Herstellung schöner Strafsenverbindungen

---

[1]) G. Koch, Über die Wohnungsverhältnisse der unbemittelten Bevölkerungsklassen Hamburgs. Schriften des Vereins für Sozialpolitik.

[2]) Flesch, Die Wohnungsverhältnisse in Frankfurt a. M. Schriften des Vereins für Sozialpolitik.

vermehrt, „die Luft und Licht in die düsteren Stadtteile bringen" und grofse Terrains aufschliefsen sollten, „die bisher wertlos gewesen und nur mit alten Baracken besetzt waren". Es gilt für diese pompösen neuen Strafsenzüge nur zu oft das Wort Bastiat's: „Was man sieht, sind die prächtigen Wohnungen; was man nicht sieht — das Elend derer, die aus schlechten in noch schlechtere Wohnstätten vertrieben wurden".

Dazu kommen noch andere Ursachen rein lokaler Art. Hierher ist z. B. zur Beurteilung der Wohnungsnot in London vor allem das dort herrschende Lease-System zu rechnen. Die Lease[1]) ist der Erwerb eines Grundstücks oder eines Grundstücks und Hauses für beschränkte oder unbeschränkte Zeit gegen eine jährlich zu zahlende Rente. Da der Grund und Boden, auf dem London steht, zum gröfsten Teil Eigentum einiger reicher Familien oder Stiftungen ist, welche dieses Eigentum nicht aufgeben wollen, und auch die übrigen Grundeigentümer diese Art der Ausnutzung ihres Besitzes dem Verkauf vorziehen, ist es sehr schwer, in London überhaupt Grundeigentum zu erwerben. Will man daher ein Haus oder Grundstück erwerben, so mufs man sich in der Regel mit dem „leasehold" begnügen, und Haus und Grundstück fallen nach der kontraktlich festgesetzten Zeit heim. Es mutet fast mittelalterlich an, wenn man sieht, dafs selbst die „Lease for three lives", d. h. für die Dauer von drei Generationen, noch heute in England weit verbreitet ist. Die drei Generationen, nach deren Lebensdauer die Dauer der Lease bemessen wird, sind jedoch nicht etwa der Besitzer, sein Sohn und sein Enkel, sondern die Dauer des Verhältnisses richtet sich in der Regel nach der Lebensdauer bestimmter Mitglieder der königlichen Familie. Man wählt dieses Verfahren, weil man annimmt, dafs diese die beste Pflege uud ärztliche Behandlung geniessen, und dafs man daher bei ihnen mit gröfster Sicherheit auf die Erreichung eines hohen Alters rechnen kann. Da der Verlust, wenn die drei gewählten Personen früh sterben, und das Grundstück nach verhältnismäfsig kurzer Zeit heimfällt, ein sehr grosser ist, versichert man sich für diesen Fall. Als der Herzog von Connaught den ägyptischen Krieg mitmachte, und der Prinz von Wales seine indische Reise antrat, erhöhten die Versicherungsanstalten schleunigst die Gebühren und erhoben eine Extraprämie.

[1]) Ruprecht, Die Wohnungen der arbeitenden Klassen in London. Göttingen, 1884.

Es sind nun zwei Arten der Lease zu unterscheiden. Entweder erwirbt der „Lessee“ ein Grundstück und baut selbst, oder er erwirbt ein Grundstück mit einem darauf schon errichteten Hause. In beiden Fällen fällt das Grundstück mit allem, was darauf steht, ohne jede Entschädigung heim. Die Folgen dieser Einrichtung sind leicht zu ersehen. Baut der Grundeigentümer selbst, so baut er unsolide, weil er die Kosten der Reparaturen nicht zu tragen hat, die auf den Lessee fallen. Der Lessee hat zwar die Verpflichtung, das Haus in gutem Zustande zu erhalten, er wird aber auch nach Möglichkeit alle gründlicheren Reparaturen vermeiden, da sie ihm nicht auf die Dauer zugute kommen. Er verliert ja nach Ablauf der Lease selbst die Kamine und Herde, die er hat setzen lassen, kurz alles, was niet- und nagelfest ist. Noch schlimmer ist der andere Fall, der weit häufiger vorkommt, nämlich dafs der Lessee ein Grundstück erwirbt und auf demselben selbst baut. Er baut natürlich nur so, dafs das Haus voraussichtlich am Ende der Lease reif zum Abbruch ist. Je kürzer die Lease, um so elender wird gebaut. Gründliche Ausbesserungen werden gegen Schlufs der Periode vermieden, sie würden ja nur ein Geschenk für den Grundeigentümer sein. Eine grosse Anzahl Häuser befindet sich gegen Ablauf der Frist in kaum bewohnbarem Zustande, und ist der Verfall so grofs geworden, dafs der Lessee es für zu gefährlich oder zu unangenehm hält, das Haus selbst zu bewohnen, nun — so ist es gerade noch gut genug für Arbeiterwohnungen, mag der Regen auch durch das Dach strömen, und der Wind durch klaffende Spalten in der Wand pfeifen. So kommt es, dafs man oft eine grofse Anzahl von Arbeiterfamilien in Häusern zusammengedrängt findet, welche nicht nur in elendem Zustande, sondern, weil sie ursprünglich für eine Familie gebaut waren, gänzlich ungeeignet für ihren jetzigen Zweck sind. Neu bauen kann der Lessee vernünftigerweise nicht mehr, aber er will sein Recht bis zum letzten Moment ausnutzen, da er dafür zu bezahlen hat. Scheut er sich, das selbst zu thun, so beruhigt er sein Gewissen damit, dafs er den Rest der Lease an Leute verkauft, die ein Geschäft aus dem Ankauf solcher Reste machen. Damit wird die Zahl der Mittelspersonen zwischen Grundeigentümer und Mieter abermals um eine vermehrt, und die Lage des letzteren nur noch schlimmer.

Das sind die hauptsächlichsten Gründe der Wohnungsnot in unseren grofsen Städten. Über ihre Wirkung haben wir in der Einleitung schon einige allgemeine Gesichtspunkte angeführt. Es ist hier an der Stelle, etwas weiter in die Einzelheiten einzugehen. Die Londoner Verhältnisse, die zuerst in neuerer Zeit die allgemeine Aufmerksamkeit auf diese Frage hingelenkt haben, brauchen uns nicht lange zu beschäftigen. Wer kennt nicht die Schilderungen, die der grofse Realist Dickens von den Arbeitervierteln Whitechapel und Piccadilly entwirft? Octavia Hill hat diese Bilder in ihrem in weitesten Kreisen bekannt gewordenen Buche, das wir eingangs erwähnten, ergänzt. Der Führer der englischen Konservativen, Lord Salisbury, veröffentlichte im November 1883 in der „National Review“ einen Artikel, in welchem er in scharfer Weise auf die traurigen Wohnungszustände hinwies, wie sie besonders in London bestanden, und es als eine Pflicht des Parlaments bezeichnete, dieser wichtigen sozialen Frage Beachtung zu schenken. Die radikale Partei verlor keine Zeit, um auch ihr Interesse an der Wohnungsfrage an den Tag zu legen. Einer ihrer Führer, der damalige Kabinetsminister Mr. Chamberlain, behandelte in dem Dezemberheft der „Fortnightly Review“ die bestehende Wohnungsgesetzgebung und machte dabei weitgehende Reformvorschläge. Eine Reihe von Publikationen in der Tagespresse suchten die gröfsere Menge für die Frage zu interessieren. Unter diesen waren es besonders die von G. R. Sims in den „Daily News“ erschienenen, „Horrible London“ überschriebenen und leider nachher als nur zu wahrheitsgetreu erfundenen Schilderungen, welche einen allgemeinen Schrei des Entsetzens und Unwillens erregten. „Zu Anfang dieses Jahres“, schreibt Sims am 8. November 1883, „brachte ich zwei Monate damit zu, die schlimmsten Viertel Londons zu besuchen und der Lage ihrer Bewohner nachzuspüren. Ich stieg nicht nur vom Keller zur Dachstube, sondern ich verfolgte die Vorgeschichte manches Bewohners und seiner Familie, ich folgte den Arbeitern zu ihrer Arbeit, den Dieben und anderem Auswurf zu ihren Schlupfwinkeln; ich begleitete die Kinder zur Schule, die obdachlosen Vagabunden zu den Löchern und Höhlen, den offenen Thorwegen und Hinterhöfen, in welchen sie nachts zusammenhockten. Ich begann meine Aufgabe leichten Herzens, ich beendete sie in tiefem Schmerz. Ich hatte während der zwei Monate einen Einblick in eine Hölle, die schrecklicher ist als die des unsterblichen Florentiners. Und diese war nicht der Traum eines Dichters, es war schreckliche Wahrheit, grauenhaft in ihrer Wirklichkeit, herzzerreifsend in ihren Qualen. Die Verdammnis der in diesem modernen Inferno gefangenen Leiber war so schrecklich wie die schlimmste, welche Dante je für eine gequälte Seele gezeichnet hat. Das Schrecklichste von allem aber war, dafs der Fall dieser verlorenen Geschöpfe so gänzlich hoffnungslos erschien."

Die „Pall Mall Gazette" folgte endlich mit einem noch wertvolleren Beitrage: sie setzte eine Kommission von Mitarbeitern ein, welche durch Nachfragen von Haus zu Haus unter Zuhilfenahme detaillierter Fragebogen den bestehenden Zustand der einzelnen Stadtteile festzustellen suchten. Das Ergebnis dieser Untersuchungen ist veröffentlicht und, ebenso wie die meisten vorher erwähnten Publikationen, auch in Deutschland bekannt geworden.

Viel weniger gekannt sind die Zustände in unserer eigenen Heimat. Nicht etwa, dafs sich nicht auch bei uns freimütige Stimmen gefunden hätten, die den Schleier von Dingen fortzogen, über die es manchem bequem war, sich mit Nichtwissen hinwegzutäuschen. Aber diese Stimmen sind vielfach in Verwaltungsberichten, in Lehrbüchern der Gesundheitspflege und der Statistik und an anderen Orten ungehört verhallt, die nur wenigen zugänglich sind. Die Tagespresse hat sich nur vorübergehend, so in den siebziger Jahren, mit diesen Dingen beschäftigt, sie aber wieder aus den Augen gelassen, nachdem mit dem Rückgang des wirtschaftlich hochflutenden Lebens eine zeitweilige Besserung der ärgsten Mifsstände eingetreten war. Uns interessieren, wenn wir diesen Verhältnissen im einzelnen etwas näher treten, in erster Linie die Zustände, wie sie in Berlin vorhanden sind, weil hier aus leicht begreiflichen Gründen das Übel am akutesten aufgetreten ist.

Allabendlich, im Sommer um 7 Uhr, im Winter um 6 gegen Abend, kann der aufmerksame Beobachter in der Büschingstrafse, Berlin O, Scharen eigenartiger Gestalten einem grofsen Hause, das die Hausnummer 4 trägt, zueilen sehen. Ihnen allen hat Sorge und Entbehrung, in vielen Fällen gänzliche Verkommenheit ihren Stempel aufgedrückt. Das ist nicht der Schritt des Arbeiters, der nach vollbrachtem Tagewerk nach Hause eilt — zögernd und oft scheu sich umblickend schleichen sie in möglichster Nähe der Häuserreihen dahin, als möchten sie es vermeiden, hier gesehen zu werden. Darunter befinden sich Gesichter, deren Zügen man es ansieht, dafs ihre Träger einst bessere Tage gekannt haben. Vor dem Thor des bezeichneten Hauses haben sich inzwischen dichte Gruppen jener Ankömmlinge gesammelt, und wenn mit dem Glockenschlag die Thür geöffnet wird, drängen sie sich in den glasgedeckten Hof, hastig, als fürchtete jeder, zu spät zu kommen. Das sind die Ärmsten der Armen, die, weil ihnen die Zufluchtsstätte fehlt, im Asyl für Obdachlose Unterkunft und vielleicht in erquickendem Schlaf für wenige Stunden Vergessen ihres Elends suchen.

Kein Obdach! und doch sind sie, für den Augenblick wenigstens, besser daran, als tausend andere, die eine Wohnstätte die ihre nennen. Können sie doch in einem kräftigenden Bade ihren erschlafften Körper erfrischen, an einer warmen Suppe den nagenden Hunger stillen, in reinlichen, gut gelüfteten Sälen den Leib auf einer sauberen Lagerstatt ausruhen. Morgens können sie gestärkt von dannen gehen ohne das beschämende Gefühl, Rede stehen zu müssen, über das woher und wohin, und manchem hat eine solche Nacht erquickenden Schlafes den Lebensmut wieder angefacht, seine sittliche Kraft gestählt, ihn mit Hoffnung neu belebt und ihm die Geduld und Ausdauer gekräftigt, welche nötig sind, um sich im Treiben der Grofsstadt an der Oberfläche zu erhalten. Wie unendlich viel elender sind diejenigen daran, die in jenen verwahrlosten, schmutzigen, durchseuchten Höfen wohnen, wie sie auch Berlin besessen hat und noch besitzt.

Nach Albu's[1]) Berichten aus dem Anfang der siebenziger Jahre, der Zeit, wo in Berlin die Wohnungsnot einen ihrer Kulminationspunkte erreicht hatte, waren damals infolge des Aftervermietungssystems die Wohnungen der ärmeren Familien durch Überfüllung, Unsauberkeit und Mangel an Ventilation wahre Pesthöhlen und Brutstätten für Krankheiten allerlei Art geworden. Zum Beispiel lieferte innerhalb des 61. Medizinalbezirks ein Haus in der Müllerstrafse von 153 Flecktyphuskranken allein 150. Aus einem Hause der Gitschinerstrafse kamen von den 675 armen Kranken des 18. Medizinalbezirks allein 177, also 30,8 % aller Kranken, und zwar gehörten 22 % der Erkrankungen zu den epidemischen. Alle 6 im Bezirke unter den Armen vorgekommenen Cholerafälle entstammten diesem Hause, ebenso 46 % aller Ruhr- und 80 % aller Diphtheritisfälle. Ein anderer Häuserkomplex desselben Eigentümers in der Johanniterstrafse, in welchem über 1000 Menschen hausten, lieferte 53 % aller in vier Monaten im 13. Medizinalbezirk behandelten Kranken. Das war die Zeit, wo 600 Familien, die

---

[1]) Albu, Die öffentliche Gesundheitspflege in Berlin.

überhaupt kein Obdach finden konnten, in öffentlichen Anstalten untergebracht werden mufsten, 163 Familien mit ca. 700 Köpfen sich auf der sogenannten Schlächterwiese vor dem Kotbuser Thore ansiedelten und die Barackenstadt gründeten. Andere Obdachlose kampierten vor dem Landsberger und Stralauer Thore und führten ein vom Berliner Witz und Humor gewürztes Zigeunerleben [1]).

Ein Haus in der St. Simeonsgemeinde in Berlin schildert der Stadtmissionar Bockelmann [2]) folgendermafsen: „Es ist von 250 Familien oder Parteien bewohnt, von welchen 17 Frauen in wilder Ehe, 22 Dirnen, 17 ungetraute Paare, 4 von ihren Männern geschiedene Frauen sind. Auf einem Korridor liegen 36 der kleinen Wohnungen. Die Fensterscheiben sind vielfach durch Papier, Holz oder ein Tuch ersetzt. So ist das Äufsere des Hauses schon durchaus nicht ansprechend, wie viel weniger das Innere desselben! Man erblickt nur mit vielen Löchern versehene rohe Kalkwände und das Fachwerk. Wenn es hoch kommt, sind die Wände mit blauen oder grünen Wasserfarben gestrichen, aber das ist dann auch alles; oder man findet die Wände mit Zeitungen tapeziert. Der Fufsboden hat solche Löcher, dafs man sich hüten mufs, hineinzufallen. Es gibt wohl keine Familie, die zwei Zimmer besitzt; wenn es hoch kommt, ein Zimmer und eine kleine Küche. Die durchschnittliche Gröfse der Zimmer beträgt 16 Fufs Länge und 10 Fufs Breite. Man findet ein bis zwei Betten, Stühle, von einem Sopha nicht zu reden, einen kleinen eisernen Ofen, und das ist alles. Sämtliche Sachen sind aber so schlecht, dafs man sie schlechter nicht finden kann. Zu erwähnen ist auch noch der ungeheure Schmutz in diesen Wohnungen. Ich fand Betten — wenn man sie überhaupt so nennen kann —, die thatsächlich rabenschwarz waren. Wenn ich so in einem Zimmer war, so dachte ich: wo mögen doch nur die Leute alle schlafen? denn ich fand zuweilen ein Bett vor und eine Familie mit fünf Kindern. Vier schlafen alsdann in einem Bett, die übrigen Personen auf dem Boden, entweder auf Stroh oder altem Zeug. Nun glaube man aber nicht, dafs nur eine Familie in solchem Zimmer wohnt, nein, mitunter

[1]) Berthold, Die Wohnverhältnisse in Berlin, insbesondere die der ärmeren Klassen. Schriften des Vereins für Sozialpolitik.

[2]) Citiert von Schmoller, Ein Mahnruf in der Wohnungsfrage. Jahrb. f. Gesetzgebung, Verwaltung und Volkswirtschaft XI, S. 425.

sind es zwei, ja, ich weiſs sogar von drei, die dann noch vier Kinder haben, von denen drei in einer Wiege liegen."

Wenn auch seitdem aus den bereits geschilderten Gründen ein wesentlicher Rückgang eingetreten ist, so besteht das Übel doch nach wie vor. Wir verzichten, um hierfür den Beweis zu erbringen, auf die Schilderung weiterer sensationeller Einzelheiten. Dieselbe gewinnt zu leicht den Anschein der Übertreibung, und wir erreichen unseren Zweck viel sicherer, wenn wir uns für einen Augenblick auf das Gebiet der nackten Zahlen begeben. Man kann als einen Gradmesser für die Höhe des jeweiligen Mangels an Wohnungen die Zahl der leerstehenden Wohngelasse betrachten. Ein gewisses Minimum leerstehender Wohnungen muſs stets vorhanden sein, um die nötigen Bauten und Reparaturen zu ermöglichen und um den wünschenswerten Spielraum beim Umzuge zu gewähren. Während nun 1867 [1]) noch 5,6 % aller Wohnungen in Berlin leer standen, sank die Prozentzahl bis Anfang 1873 auf 0,59 %, um von da bis 1879 allmählich wieder auf 7,78 % hinaufzugehen. Dann tritt aber — und das ist bemerkenswert für unsere augenblicklichen Zeitverhältnisse — wieder eine konstante Abnahme ein, indem 1880 6,74 %, 1882 4,49 %, 1884 3,3 %, 1886 nur noch 2,2 % der Wohnungen leer standen. Bezeichnend für die Wohnungsverhältnisse ist ferner die Ab- und Zunahme der Bewohner, die durchschnittlich auf ein bewohntes Grundstück entfallen. Während 1861 noch 48,3 Bewohner durchschnittlich gezählt wurden, stieg diese Zahl 1864 auf 49,7, 1867 auf 51,4, schnellte 1871 bis auf 57,0, stieg 1875 weiter auf 58,0, 1880 auf 60,7 und schloſs 1885 mit mindestens 66,0. Mit dieser Steigerung der Behausungsziffer verminderte sich auch das Areal, welches auf einen Einwohner entfiel; während es 1876 noch 63 qm betrug, sank es 1880 bereits auf 55,2 qm, und ist 1885 weiter auf 48,1 qm herabgesunken.

Wir haben schon oben auf die verderblichen Wirkungen des Aftervermietungssystems hingewiesen und fügen hier einige Zahlen zur Charakteristik dieser Verhältnisse in Berlin hinzu. Von den bei der Volkszählung des Jahres 1880 gezählten 256 365 Haushaltungen hatten 18 318 oder 7,1 % Einmieter, und 39 298 oder 15,3 % Schlafleute. Diese 39 298 Haushaltungen mit Schlafleuten werfen einen dunklen Schatten auf die Berliner Wohnungsverhältnisse, der

[1]) Wir entnehmen die folgenden statistischen Angaben Berthold a. a. O.

noch intensiver wird, wenn man auf Einzelheiten eingeht. Es fanden sich u. a. eine Haushaltung mit 34 Schlafburschen, eine mit 11 Schlafleuten (9 männlich, 2 weiblich), 7 mit 10 Schlafleuten u. s. w. Je eine Person befand sich in 25357 Haushaltungen, je zwei Schlafburschen in 6284, ein Schlafbursche und ein Schlafmädchen in 1669 Haushaltungen u. s. w. Unter den 39298 Haushaltungen mit Schlafleuten befanden sich 15065 oder ca. 38 %, die nur über einen Raum verfügten, in dem sich aufser der Familie, eventuell mit Kindern, noch Schlafleute aufhielten. Von den 15065 hier in Betracht kommenden Haushaltungen mit einem Raum hatten 6953 noch einen Schlafburschen, 4132 ein Schlafmädchen; in 1790 Haushaltungen fanden sich noch zwei Schlafburschen, in 607 je ein Schlafbursche und ein Schlafmädchen, in 721 zwei Schlafmädchen, 357 hatten drei Schlafburschen u. s. w. Die höchsten Zahlen waren: 8 Schlafleute (7 männlich, 1 weiblich) in einem Raum, in einer Haushaltung von einem Ehepaar mit Kindern, und 10 männliche Schlafleute in einer Haushaltung von einem Raum, in dem eine Frau den Haushaltungsvorstand bildete!

Von den Einwohnern Berlins wohnten nach der Volkszählung von 1880 nicht weniger als 100301 in Kellerwohnungen, die im allgemeinen wegen ihrer Lage unter der Strafsenfläche bezw. wegen ihrer feuchten Ausdünstungen als gesundheitsgefährlich zu bezeichnen sind. Namentlich die Hofkeller in den stark bevölkerten Hinterhäusern müssen als völlig ungeeignet zum Bewohnen angesehen werden, weil häufig die hohen Gebäude bei der Kleinheit des Hofes dem Licht und der Luft so gut wie keinen Zutritt gestatten. Von diesen Kellerwohnungen verfügten 443 mit 1597 Bewohnern überhaupt über kein heizbares Zimmer, 14327 Wohnkeller mit 58510 Bewohnern hatten nur ein heizbares Zimmer. Von den insgesamt 23289 Wohnkellern hatten 442 mit 1886 Bewohnern eine Zimmerhöhe, die unter 2 m blieb; 2075 Wohnkeller mit 8848 Bewohnern hatten Zimmer von 2—2 1/4 m Höhe, 5673 Wohnkeller mit 24722 Bewohnern Zimmer von nur 2 1/4—2 1/2 m Höhe. Noch schlimmer als die geringe Zimmerhöhe ist aber die tiefe Lage vieler Keller unter dem Strafsenniveau. Von den 443 Wohnkellern ohne heizbare Zimmer lag nur bei 59 der Fufsboden weniger als 1 m unter der Strafsenfläche; bei 58 lag er 1—1 1/4 m, bei 170 schon 1 1/4—1 1/2 m, bei 88 1 1/2—1 3/4 m, bei 42 1 3/4—2 m und bei 26 sogar über 2 m unter dem Strafsenniveau. Man stelle sich diese niedrigen, fast ganz unter dem Strafsenniveau gelegenen, unheizbaren und von Menschen überfüllten Höhlen vor, um zu ermessen, was für eine Existenz die Elenden zu führen gezwungen sind, die hier hausen. Man nehme dazu, dafs diese Löcher gleichzeitig als Stätten für die allerunsaubersten Gewerbebetriebe der Lumpensammler, Knochen- und Fellhändler und jener undefinierbaren Gewerbetreibenden dienen, welche der Berliner Volksmund als „Naturforscher“ bezeichnet, und die sich damit beschäftigen, dem Hof- und Strafsenkehricht alle noch zu irgend einem erdenkbaren Zweck zu gebrauchenden Gegenstände zu entreifsen — und man wird sich wenigstens eine Vorstellung machen können, welche Scenen des Grausens den erwarten, der in diese Tiefen hinabzusteigen wagt.

Die Berliner Wohnungsstatistik dürfte dem, der statistische Tabellen zu lesen versteht, noch manche interessanten Aufschlüsse bieten. Es gibt erfahrene Beobachter, die geneigt sind, zu behaupten, dafs in den grofsen Städten Englands die Mifsstände weniger krafs seien als in Deutschland. Löcher, wie die genannten „Pennen“, die noch Anfang der achtziger Jahre in Berlin in grofser Zahl bestanden, dürften unter den Kost- und Logierhäusern Londons kaum ihres gleichen gehabt haben. Diese Herbergen gewährten den Elendesten der Elenden gegen Entgelt von einigen Pfennigen einen Schlupfwinkel für die Nacht. Der Schmutz, der in denselben herrschte, die Luftverderbnis waren namenlos. Sie wurden mit Rücksicht auf das Interesse der Kriminalpolizei geduldet, die dort meist mit gutem Erfolg auf sonst vergeblich gesuchte Verbrecher fahndete. Doch hat allmählich die Überzeugung obgesiegt, dafs solche Pennen, zumal als von der Behörde konzessionierte Gastwirtschaften, nicht ferner gestattet werden dürften, weil sie als Krankheitsherde gefährlichster Art eine dauernde Bedrohung des Gesundheitszustandes der Berliner Bevölkerung darstellten. Solche Erwägungen führten zum Erlafs einer Polizeiverordnung, welche die schlimmsten Nachtherbergen dieser Art hat verschwinden lassen.

Aber auch ohne solche Pesthöhlen, die in früheren Jahren oft genug die Ausgangspunkte von Cholera-, Flecktyphus- und Pockenepidemieen für Berlin gewesen sind, sieht es noch schlimm genug in manchen Vierteln aus. Eine Abhandlung neueren Datums[1])

---

[1]) v. Liszt und Lilienthal, Zeitschrift für die gesamte Strafrechtswissenschaft, Bd. V. 1885.

über die „Verbrecherwelt in Berlin“ schildert die Quartiere, wie sie sich in Berlin noch vielfach finden, mit großer Lebenstreue: „Betritt man ein solches Haus,“ heißt es da, „so wird man alsbald von einem verpesteten, fauldumpfigen Geruche befallen. Schmutz herrscht überall, und auf der Treppe balgen sich halbnackte Kinder. Zank und Streit besteht zwischen den Flurnachbarn; bei dem geringsten Anlaſs werden auf Korridoren und Treppen lärmende Wortgefechte in den unflätigsten Ausdrücken und blutige Raufereien ausgefochten, bei denen Stöcke, Besenstiele und Messer eine groſse Rolle spielen. Die Weiber begieſsen sich mit ekelhaften Flüssigkeiten, bewerfen sich mit Kot und raufen sich die Haare aus, die Männer werfen sich die Treppe hinab, und dazwischen schreien und wimmern Kinder in jeglichem Alter. Bei jeder sich bietenden Gelegenheit bilden im Hause sich zwei Parteien, die einander befehden und die sich nur dann einigen, wenn es ja einmal dem Hauseigentümer oder dessen Vertreter einfallen sollte, dazwischen zu treten, um Ruhe zu stiften. Denn dann stürzen sie gemeinschaftlich auf diesen los und schlagen den ihnen allen Verhaſsten windelweich. Dieselbe dicke, übelriechende Atmosphäre, denselben Schmutz wie auf Hausflur und Treppen finden wir im Innern der Wohnungen wieder. Alles liegt unordentlich durcheinander. Die wenigen Betten und Möbel sind alt und gebrechlich. Besteht die Wohnung aus einem oder mehreren Zimmern und einer Küche, so sind meistens die ersteren an junge Leute, die teils arbeiten, teils nicht arbeiten, oder an prostituierte Dirnen, oft der gefährlichsten Sorte, abvermietet, während die Familie ihre Unterkunft in der Küche sucht. Besteht aber die Wohnung nur aus einem einzigen Raum, der dann selbstverständlich zugleich als Wohnung, Schlafzimmer und Küche dienen muſs, so drängt sich hier alles zusammen. In dem gewöhnlich nur einmal vertretenen Bette liegen Mann, Weib und Kinder so wie sie gerade Platz finden, oft auch die Kinder am Fuſsboden auf Stroh und neben ihnen der miteinwohnende Schlafbursche u. s. f.“

Wie gestalten sich nun, selbst wenn wir von diesen Zuständen allerschlimmster Art absehen, im allgemeinen die Preisverhältnisse für die Wohnungen in den Berliner Arbeiterquartieren? Einer sehr beachtenswerten Veröffentlichung von Th. Goecke[1]), auf die

[1]) Deutsche Bauzeitung 1890 No. 83 ff.

wir weiterhin noch in anderer Beziehung zurückkommen, entnehmen wir die nachstehenden Angaben, die sich mit den thatsächlichen Verhältnissen decken dürften. Der Berliner Arbeiter bezahlt für eine einzelne Stube etwa an monatlicher Miete:

in der äufseren Stadtzone mit Ausnahme des Westens	7,50—12,50 ℳ
in der mittleren Stadtzone und im Westen . .	14,00—18,00 „
in der inneren Stadt	bis 20,50 „

für eine Stube mit Küche:

in der äufseren Stadtzone mit Ausnahme des Westens	15,00—25,00 ℳ
in der mittleren Stadtzone und im Westen . .	25,00—28,75 „
in der inneren Stadt	bis 35,00 „

für zwei Stuben, bezw. eine Stube nebst Kammer und Küche:

in der äufseren Stadtzone	18,75—28,75 ℳ
in der mittleren Stadtzone	bis 35,00 „
im Westen und in der inneren Stadt	bis 45,00 „

Im Einzelfalle ist die Preisbildung natürlich von der Gröfse der Räume, sowie von dem sog. Zubehör abhängig, wobei ein eigener Eintrittsflur besonders hoch geschätzt wird. Die Zahl der Treppen fällt weniger ins Gewicht, als die Lage nach der Strafse. Im Norden und Osten sind die Wohnungen billiger, im Süden aber teuerer, am teuersten im Westen und im alten Stadtkerne. Der mittlere Preis für eine Wohnung, aus Stube und Küche bestehend, beläuft sich in den vorzugsweise von Arbeitern besetzten, dicht bevölkerten Stadtteilen auf 20 bis 25 ℳ im Monat. Er fällt allmählich, je weiter die Wohnung nach aufserhalb liegt. Die sich daraus ergebende Ersparnis ist aber oft nur eine scheinbare, denn wenn auch ein rüstiger Arbeiter einer zehnstündigen Arbeitszeit noch zwei Stunden zuzusetzen vermag, um den Weg zwischen seiner Wirkungsstätte und der Wohnung zu Fufs zurückzulegen, so kann dies kaum noch sein Weib oder Kind, das ihm das Mittagessen bringt. Eine nur zweimalige Zehnpfennigfahrt auf der Pferdebahn für jeden Tag verursacht aber schon im Monat eine Ausgabe von 5,00 ℳ, welche auf die Wohnungsmiete gerechnet werden mufs. Je häufiger also die Arbeiter, wie z. B. die Bauhandwerker, herumgeworfen werden, um so mehr bevorzugen sie die mittlere Stadtzone, von wo aus sie leichter überall hin gelangen können. Der Preis von 25 ℳ mufs daher etwa als der durchschnittliche angenommen werden. Nach altväterlicher Wirtschaftsrechnung dürfte also das Einkommen des Arbeiters im Monat 125 ℳ nicht unterschreiten. Viele verdienen solchen Lohn, viele darüber, wie viele mehr aber auch nicht, wenigstens nicht das ganze Jahr über. Dem Maurer, dessen Thätigkeit auf 250 Tage im Jahre zu veranschlagen ist, würde ein Stundenlohn von 50 Pf. im Durchschnitt wenig über 100 ℳ für den Monat einbringen. Einen Durchschnittslohnsatz von monatlich 100 ℳ und mehr haben in der grofsen Stadt überhaupt nur die besser situierten Arbeiter. Es ist darum ohne weiteres erklärlich, warum der Arbeiter seine Ansprüche an die Wohnung herunterschraubt. Wer nur 2,50 ℳ Tagelohn verdient, mufs sich eben mit einer Stube behelfen, und wer eine zweiräumige Stube genommen hat, sucht sich durch Abvermietung der möblierten Stube oder durch Aufnahme von Schlafleuten einen Zuschufs zum Mietpreise zu verschaffen.

„Der Arbeiter wohnt also unzweifelhaft zu teuer, und wenn alle die Übelstände, welche aus einem zu dichten Zusammengepferchtsein so vieler Menschen entspringen, an der Wurzel gefafst werden sollen, wenn man wünscht — und man mufs es wünschen! — die sittliche und soziale Stellung der Arbeiter zu heben, so mufs zunächst für die Möglichkeit gesorgt werden, dafs der Arbeiter eine seinem Einkommen entsprechende Wohnung auch mieten kann."

Übrigens ist es unter den deutschen Grofsstädten keineswegs Berlin allein, das unter den traurigen Wirkungen des Mangels an gesunden Wohnungen für die unteren Klassen zu leiden hat. Wir haben schon oben darauf hingewiesen, dafs die erwähnten Berichte in den „Schriften des Vereins für Sozialpolitik" sich mit der Wohnungsnot in einer ganzen Reihe von Städten beschäftigen. Ganz besonders düster sind z. B. die Bilder, die uns von den Zuständen in Strafsburg [1]) entworfen werden. Strafsburg ist infolge seiner günstigen militärischen Lage von jeher ein befestigter Platz gewesen. Auf den beschränkten Raum innerhalb der Umwallung angewiesen, waren seine Bewohner, je höher ihre Zahl wuchs, zu einem um so dichteren Zusammenwohnen genötigt. Dies

[1]) Well, Die Arbeiterwohnungsfrage in Strafsburg i. E. Schriften des Vereins für Sozialpolitik.

hat in der Altstadt Strafsburgs ein enges Gewirr von Gassen und Gäfschen entstehen lassen, in welchen vor allem die unterste Klasse der Bevölkerung ein Unterkommen gefunden hat. Mehrere dieser Gassen haben eine Breite von nur 1—1½ m, über ein Drittel der Strafsen der Stadt ist nur 1—5 m breit! Dafs in so engen Luftadern, schon aus diesem Grunde allein, die sanitären Verhältnisse sehr mangelhaft sein müssen, liegt auf der Hand.

In Hamburg [1]) war ebenfalls bis zum Jahre 1861, so lange die Stadt durch Wall und Graben, bezw. durch Thore, welche allabendlich geschlossen wurden, gegen ihre Umgebung abgesperrt und auf einen bestimmt begrenzten Raum beschränkt war, die Bebauung eine hauptsächlich intensive. In der inneren Stadt wurden die noch unbebauten, als Gärten und Lagerstätten dienenden Plätze nach und nach zugebaut; alte Häuser wurden niedergerissen und durch neue ersetzt, welche einer gröfseren Menschenanzahl als zuvor Wohnung und Arbeitsstelle boten. In den engen und verkehrsarmen Strafsen — Twieten, Gänge genannt — liegen die kleinen Wohnungen zum Teil nach der Strafse zu, während sie sich in den verkehrsreicheren Strafsen und Gegenden meist nur in den Höfen befinden, die oft eine grofse Tiefe besitzen. Diese Wohnhöfe sind für einige Stadtteile etwas sehr charakteristisches. Sie beherbergen eine grofse Bewohnerzahl. Ihre Breite ist sehr gering, besonders im Verhältnis zur Höhe der Häuser; oft sind sie nur 2 bis 3 m breit, bei drei bis vier Geschossen. Der Zugang zu den älteren Wohnhöfen erfolgt in einem Durchgang durch das Vordergebäude, der oft so niedrig und schmal ist, dafs er nur von einem Menschen und manchmal nur in gebückter Stellung zu passieren ist. Der Zutritt von Luft und Licht in diese Höfe ist ein durchaus ungenügender. Besonders in den Jahren nach dem Höhepunkt der Wohnungsnot, die in Hamburg ebenfalls in den Anfang der siebziger Jahre fällt, sind auch in den Vororten Wohnhöfe entstanden, welche, abgesehen von dem bequemeren Zugang, hinsichtlich des Zutritts von Luft und Licht nicht besser waren, als die älteren Wohnhöfe der inneren Stadt; denn bei einer Hofbreite von 3,5 m haben die auf beiden Seiten errichteten Gebäude 12 m und mehr Höhe. Da diese modernen Wohnhöfe in gleicher Weise wie die älteren meist sehr tief sind, so beträgt die Einwohnerzahl eines

[1]) Koch a. a. O.

solchen Hofes oft über 100 Personen; manche haben 300 Bewohner und darüber.

Sogar in einer Stadt wie Dresden [1]), die allgemein als eine der bestgebauten in Deutschland gilt, haben sich erhebliche Übelstände gezeigt. Als z. B. 1877 die sämtlichen Souterrainwohnungen, etwa 2200 an der Zahl, bezirksärztlich revidiert wurden, erwiesen sich von denselben 1500 mehr oder weniger unzulässig, darunter 500 ganz unbewohnbar. In demselben Orte fanden sich bei den bezirksärztlichen Revisionen wiederholt Wohnungen, welche nur aus zwei Räumen bestanden, kaum 24 qm Bodenfläche besafsen und zwei Familien nebst einer Anzahl als Gewerbsgehilfen, Schlafgänger u. s. w. aufgenommener Personen beherbergten. Besonders traurige Verhältnisse fanden sich in Dresden in den ehemaligen Kasernen. Nachdem dieselben vom Militär geräumt waren, wurden sie zu Privatwohnungen vermietet. In den vier grofsen dreistöckigen Hauptflügeln der ehemaligen Neustädter Infanteriekaserne waren 4 bis 500 Wohnungen eingerichtet worden, in welchen sich gegen 2000 Menschen aufhielten. Auf vier bis fünf Familien kam nur ein Abtrittsitz. Die notwendigsten Wirtschaftsräume, Küchen, Speisekammern, Holz- und Kohlengelasse fehlten gänzlich.

Nicht blofs in den Grofsstädten, auch in Industrieplätzen kleineren Umfangs finden sich hier und da Wohnungsverhältnisse der allermifslichsten Art. Über ein bemerkenswertes Beispiel berichtet Gewerberat Rüdiger [2]): Er schildert das jeder Beschreibung spottende Kost- und Quartiergängerwesen der Ziegeleiarbeiter, besonders dasjenige in dem Havelbruch bei Ketzin, wo über tausend Arbeiter beschäftigt werden. In einem einzigen Raume von kaum 40 cbm, fast ohne Luft und Licht, essen, trinken und schlafen 20 Männer. Ihre Schlafstellen sind zu zweien übereinander, je fünf bis sechs in einer Reihe, von rohen Brettern hergestellt. Moderndes Stroh und Heu dient als Lager, und die eigenen, oft feuchten Kleidungsstücke als Bedeckung für die Nachtruhe. Diese Zusammenpferchung, die herrschende Finsternis, die mephitischen Dünste, lassen hier eher eine Tierbucht, als eine menschliche Wohnung vermuten.

---

[1]) Leuthold, Schriften des Vereins für Sozialpolitik.

[2]) Amtliche Mitteilungen aus den Jahresberichten der deutschen Fabrikinspektoren 1882; citiert bei Leuthold a. a. O.

Noch in allerjüngster Zeit hatte in Spandau der Zusammenflufs fremder Arbeiter, welche auf königlichen Bauten und Fabriken beschäftigt werden, zu einer Wohnungsnot geführt, die zu ernstesten Besorgnissen Anlafs gaben. Auf Heuböden, in Scheunen, in Neubauten brachten die Arbeiter die Nacht zu. In den zum Wohnen ungeeignetsten Räumen lagerten sie zu 20 und 30 in einem Gelafs.

Doch wir brauchen die Zahl der Beispiele nicht zu vermehren. Das Gesagte genügt, um die Überzeugung zu begründen, dafs an den verschiedensten Orten, zeitlich und örtlich in bald höherem, bald geringerem Grade, Mifsstände mit Bezug auf das Wohnen der ärmeren Volksklassen bestehen, die dringend der Abhilfe bedürfen. Diese tiefernste Thatsache läfst sich im Hinblick auf die durch Zahlen erhärteten Darstellungen gewissenhafter Beobachter nicht hinwegleugnen.

II.

Wenn wir nun an die Frage herantreten, wie dem unzweifelhaft als vorhanden nachgewiesenen Notstande abgeholfen werden kann, so ist eine kurze Kritik gewisser älterer Bestrebungen unerläfslich. Dieselben knüpfen unmittelbar an die erwähnten Ereignisse in England an, wo Anfang der achtziger Jahre die öffentliche Meinung sich des Gegenstandes bemächtigte, und die bekannten Artikel in der „Fortnightly Review“, den „Daily News“, der „Pall Mall Gazette“ etc. erschienen, von denen der eine in immer noch grelleren Farben als der andere leider nur zu wahrheitsgetreu die aller Beschreibung spottenden Zustände in den Londoner Armenquartieren schilderten. Wohlverstanden, es handelt sich dabei nicht um den besser situierten Teil der englischen Arbeiter. Der englische Berufsarbeiter der höheren Lohnklassen hat sich von jeher eines Wohnungskomforts erfreut, der in allen anderen Ländern als das anzustrebende Ideal angesehen wurde. Die Nacheiferung nach diesem Ideal, nicht die eigentliche Wohnungsnot ist es auch gewesen, die verhältnismäfsig früh bei uns auf dem Kontinent einzelne von humanitärem Sinn erfüllte Arbeitgeber zu Schöpfungen veranlafst hat, deren älteste und grofsartigste, die Mülhausener Arbeiterstadt, das Vorbild für eine Reihe ähnlicher Unternehmungen geworden ist, deren hohe wirtschaftliche Bedeutung keineswegs unterschätzt werden soll, die aber das eigentliche Problem, um das es sich handelt, der Lösung nur wenig näher gebracht haben. Das „Cottagesystem“ ist unseres Erachtens nicht dasjenige, von dem die Linderung der Wohnungsnot an ihrem eigentlichen Sitz, den Grofsstädten, erwartet werden darf. Wir kommen hierauf weiter unten zurück.

Der erwähnte Druck, den in England die öffentliche Meinung auf die Parteien im Parlament und auf die Regierung sowohl, wie auf die weitesten Kreise überhaupt ausgeübt hat, ist der Anlafs gewesen, dafs die Frage der Wohnungsnot und ihrer Abhilfe, die zwar durchaus keine neue war, einen Anstofs erhielt, der noch heute weit über den Ort seines Entstehens hinaus nachwirkt. Ältere Bestrebungen, die aber inzwischen längst wieder in ein Latenzstadium eingetreten waren, nahmen ein beschleunigteres Tempo an. Neue Vorschläge wurden gemacht und gelangten zur Ausführung. In England gelangte man, dank einer Reihe von besonders günstigen Umständen, sehr bald in fruchtverheifsende Bahnen, bei uns nahm die Sache einen langsameren Verlauf, zum Teil weil man lange hartnäckig daran festhielt, Einrichtungen, welche nur für die besonderen englischen Verhältnisse pafsten, einfach nach Deutschland überpflanzen zu wollen, zum Teil, weil gerade von denjenigen, welche der Sache am eifrigsten zu dienen meinten, derselben Hemmnisse bereitet wurden, über die man in der Praxis nicht hinwegkam.

Denn so sicher die Wohnungsfrage ihre hochwichtigen sanitären Seiten hat, sie ist unzweifelhaft in erster Linie eine wirtschaftliche Frage, und diejenigen, welche bei uns Jahre hindurch das erstere Moment einseitig in den Vordergrund gestellt haben, haben der Sache schlecht gedient. Die „Arbeitervilla“ mit dem Garten, die allmählich in den Besitz des Bewohners übergeht, kommt ohne Frage dem idealen Wohnungsbedürfnis am nächsten, sie entspricht den sanitären Anforderungen an Luft und Licht am vollkommensten, wirtschaftlich ist sie für unsere Verhältnisse — die Erfahrung hat das allerorten gezeigt — nicht die geeignete Wohnungsform, die dem Bedürfnisse der grofsen Städte entspräche.

Aber auch diejenigen, welche so weit in ihren Bestrebungen nicht gegangen sind, haben doch vielfach übersehen, dafs man mit allzu hohen Anforderungen in dieser Beziehung eher schadet als nützt. Unter dem Druck, der namentlich von hygienischer Seite ausgeübt worden ist, sind eine ganze Reihe von Bestimmungen in unsere Baupolizeiverordnungen übergegangen, die gerade das Gegenteil von dem bewirken, was sie bewirken sollen, und stellt man Anforderungen an den Luftraum etc., die über ein gewisses Mafs hinausgehen, so zwingt man den Arbeiter dadurch, dafs man ihm die Miete verteuert, eine Wohnung zu mieten, die sein Budget übersteigt; er mufs zum Abvermieten seine Zuflucht nehmen, und dadurch werden gerade die Zustände herbeigeführt, welche die Wohnungsverhältnisse in den grofsen Städten sittlich und gesundheitlich zu so traurigen gemacht haben.

Gehen wir nun auf die Faktoren im einzelnen ein, welche zur Beseitigung der Mifsstände im Gebiete der Wohnungsfrage herangezogen werden können und herangezogen sind, so liegt es nahe, in erster Linie zu erörtern, wie sich die Gesetzgebung diesen Verhältnissen gegenüber stellt. Man hat die Frage der Verbesserung der Arbeiterwohnungen in eine Reihe gestellt mit den grofsen sozialpolitischen Reformen der letzten Jahre und sich die Lösung etwa so gedacht, dafs Staat und Gemeinde entweder in eigener Regie Arbeiterwohnungen herstellen und den Bedürftigen zu niedrigen Mieten überlassen könnten, oder dafs von den genannten Körperschaften gemeinnützigen Gesellschaften gröfsere Geldmittel zu niedrigem Zinsfufse überlassen würden, mit deren Hilfe letztere die Aufgabe der Beschaffung billiger Wohnungen durchführen könnten.

Wir würden diesen Ausweg nicht für einen glücklich gewählten halten. Der Staat, wenn er Häuser bauen liefse, deren Mietpreis niedriger gestellt wird, als die Verhältnisse bedingen, würde damit die Privatspekulation hemmen. Die private Bauthätigkeit ist aber unter keinen Umständen zu entbehren, denn die auf Beschaffung billiger Arbeiterwohnungen gerichteten Bestrebungen öffentlicher Körperschaften können die Not höchstens mildern, einen durchschlagenden Erfolg niemals erzielen. So reiche Mittel, um allen Bedürfnissen zu genügen, werden nie und nirgends zu Gebote stehen. In Frankreich z. B. hat man zu verschiedenen Zeiten die Erfahrung gemacht, dafs, sobald nach irgend einer Richtung direkte oder indirekte Staatsbeihilfe bei Bauunternehmungen gewährt wurde, alle anderen Unternehmer ihre Arbeiten einstellten, um der Vergünstigungen ebenfalls teilhaftig zu werden.[1]) Der Wohnungsmangel wurde auf diese Weise nur schlimmer.

---

[1]) Raffalovich, Die Wohnungsfrage in Frankreich. Schriften des Vereins für Sozialpolitik.

Etwas anderes ist es, wenn Staat und Gemeinde in ihrer Eigenschaft als Arbeitgeber sich an der Lösung der Wohnungsfrage beteiligen. In Frankfurt a. M.[1]) hat die Gemeinde für ihre Beamten der unteren Besoldungsstufen Wohnungen gebaut. Diese Wohnungen bringen, bei voller Anrechnung des Wertes der Bauplätze und bei Zahlung der Kanalbeiträge u. s. w., eine Verzinsung von 4,8 % des Anlagekapitals, und die Beamten wohnen viel billiger, gesunder und gesicherter als früher.

Die Stadt Osnabrück besitzt ein Bergwerk mit 700, Steinbrüche mit 300 Arbeitern. Da sich der Hausbau durch die Arbeiter selbst nicht bewährte, errichtete die Stadt nach und nach 131 Häuser mit 250 Wohnungen zu jährlich 76 bis 96 Mark Miete in eigenen Kolonieen, mit Gärtchen, so dafs die Leute Kühe und Schweine halten können. Das aufgewendete Kapital verzinst sich in der Miete nicht ganz, wohl aber in dem Vorzug eines Arbeiterstammes, wie er nicht leicht bei anderen Bergwerken gefunden wird. — Diese Beispiele sind nachahmenswert.

Wie bekannt, bringt die preufsische Staatsregierung diesen Fragen heute ein volles Verständnis entgegen, und es schweben Verhandlungen, deren Ergebnis dem nach dieser Richtung vorliegenden Bedürfnis in weitem Umfange Rechnung tragen soll.

In einer anderen Beziehung, als in dieser sozialpolitischen, ist die Stellung des Staates in der Wohnungsfrage eine viel belangreichere, nämlich da, wo er als Gesetzgeber im eigentlichen Sinne auftritt. Eine sehr ausgebildete Wohnungsgesetzgebung hat England, die zum Teil schon bis in die fünfziger Jahre zurückdatiert. Sie gewährt gesetzliche Befugnisse zu einem Einschreiten gegen Mifsstände in ausreichendem Mafse. Ihr Ziel ist ein doppeltes: es handelt sich einmal um Beseitigung der vorhandenen ungesunden Wohnungen, andererseits um die Beförderung der Entstehung neuer, besserer Arbeiterwohnungen. Neben einer Reihe von Gesetzen, welche ein Einschreiten gegen gesundheitsschädliche Überfüllung der Wohnräume ermöglichen und welche das Logierhauswesen regeln wollen, beansprucht das gröfste Interesse eine Gruppe von Gesetzen, welche in der Zeit von 1868 bis 1882 entstanden sind. Es sind dies die nach dem Namen des Abgeordneten, welcher die betreffenden Bestimmungen zuerst beantragte, als Torrens' Acts bezeichnete Artizan's

---

[1]) Miquel a. a. O.

and Labourer's Dwellings Act und ihre Novellen von 1879 und 1882, und die nach dem konservativen Minister Sir Richard Cross als Cross' Acts benannten Artizan's and Labourer's Dwellings Improvements Acts von 1875, 1879 und 1882. Die Torrens' Acts bestimmen wesentlich folgendes: Wenn der von den kommunalen Lokalbehörden (vestries) angestellte Sanitätsbeamte in seinem Bezirke Häuser vorfindet oder durch eine Eingabe von vier oder mehr Hausbesitzern auf Häuser aufmerksam gemacht wird, welche sich in einem derartig gesundheitsgefährlichen Zustande befinden, dafs sie für menschliche Wohnungen ungeeignet zu erachten sind, so soll die Lokalbehörde zunächst ein Gutachten ihres Baubeamten einholen, ob es nötig ist, das Haus oder einen Teil desselben einzureifsen, oder ob der Übelstand durch bauliche Veränderungen beseitigt werden kann. Das Gutachten wird dem Eigentümer des Hauses zugestellt, welcher das Recht hat, dagegen Einwendungen zu erheben. Nach Erledigung derselben läfst die Lokalbehörde einen vollständigen Bauplan mit Kostenanschlag von ihren Baubeamten anfertigen und wiederum dem Eigentümer zustellen, dem auch in diesem Stadium noch das Recht der Berufung zusteht. Ist der Bauplan sodann rechtskräftig geworden, und der Eigentümer unterläfst es dennoch, denselben auszuführen, so hat die Lokalbehörde, falls es sich um gänzlichen Abbruch handelt, das Recht, das Haus auf Kosten des Eigentümers abreifsen zu lassen, falls es sich um Reparaturen handelt, die Wahl, die Reparatur auf Kosten des Eigentümers vornehmen oder das Haus schliefsen und abreifsen zu lassen.

Die Cross' Acts gehen noch erheblich weiter. Sie haben die Möglichkeit geschaffen, ganze Flächen, welche von einer Reihe von ungesunden Gassen und Winkeln bedeckt sind, durch Abreifsen der Häuser zu säubern. Für mindestens die Hälfte der Arbeiter, welche die alten Häuser bewohnten, müssen auf dem freigelegten Platze oder in dessen unmittelbarer Nähe neue Wohnungen beschafft werden.

Trotz dieser weitgehenden gesetzlichen Bestimmungen sind die alten traurigen Zustände nur unwesentlich gebessert. Die Torrens' Acts sowohl wie die Cross' Acts sind mit wenigen Ausnahmen ein toter Buchstabe geblieben. Ihre Durchführung scheiterte einmal an der Unthätigkeit der Lokalbehörden, die vielfach der Majorität nach selbst aus Leuten zusammengesetzt sind, die vom Häuservermieten leben, von denen man also nicht erwarten darf, dafs sie ein Gesetz, das sich gegen sie selbst richtet, mit Enthusiasmus in

Kraft setzen werden. Dann hat der Mifserfolg aber auch zum grofsen Teil seinen Grund in der Höhe der Kosten, welche die auf Grund der gesetzlichen Bestimmungen getroffenen Mafsregeln mit sich führen würden. Namentlich die Cross' Acts sind nur in wenigen Fällen wirklich zur Durchführung gelangt. In diesen wenigen Fällen hat ferner die Neubebauung der freigelegten Flächen so lange auf sich warten lassen, dafs nicht nur durch das Liegenlassen der Terrains grofse pekuniäre Verluste herbeigeführt sind, sondern dafs die Wohnungsnot dadurch für den Augenblick nur noch gesteigert wurde.

Die deutsche Gesetzgebung bietet den Behörden keine ausreichenden Handhaben, um gegen die Benutzung ungesunder oder überfüllter Wohnungen einzuschreiten. Es bestehen allerdings fast überall staatliche, provinzielle oder lokale Bauordnungen, und dieselben nehmen in neuerer Zeit weit mehr als früher die sanitären Rücksichten bezüglich der Einrichtung der Wohnhäuser wahr, aber gerade die besseren Bauordnungen stofsen in ihrer Durchführung auf die gröfsten Schwierigkeiten und regeln fast überall nur die nach Erlafs der Bauordnungen vorkommenden baulichen Herstellungen, lassen aber die bestehenden Gebäude unberührt. Überdies hat die Baupolizei nur eine Kontrolle über die vorschriftmäfsige Herstellung der Gebäude, nicht aber über deren Benutzung. Die Bauordnungen mögen immerhin Kellerwohnungen und Dachwohnungen verbieten, die Herstellung von Schlafräumen in zu niedrigen Lokalitäten untersagen — wenn hinterher solche Räume dennoch zum Wohnen und Schlafen benutzt werden, so kann die Baupolizei es kaum hindern, jedenfalls fehlt es ihr durchaus an den Mitteln, eine wirksame Kontrolle darüber zu führen.

Nur eine Ausnahme ist hiervon zu machen. Wir haben in einer Reihe von Provinzen, namentlich in den industriellen Landesteilen, in Schlesien, in Westfalen, in der Rheinprovinz, und auch schon hier und da in den gröfseren Städten, sehr einschneidende Bestimmungen nicht blofs über die Beschaffenheit der Logierhäuser und Schläferherbergen, sondern auch über die Benutzung derselben. In diesen Bestimmungen ist häufig sogar schon ein ganz bestimmter Kubikinhalt an Luft vorgeschrieben, der für jeden Schläfer in einer bestimmten Lokalität vorhanden sein mufs, und die Erfahrungen, welche mit solchen Polizeiverordnungen gemacht sind, die sich teilweise über ganze Regierungsbezirke erstrecken, sind sehr günstige. Sie haben nicht einmal diese Nachtherbergen wesentlich verteuert, und das ist ein wichtiger Gesichtspunkt, der beim Erlafs jeder gesetzlichen Vorschrift, die das Wohnungswesen betrifft, wohl zu erwägen ist. Jedes allzu rasche, jedes allzu radikale Vorgehen kann leicht dazu führen, dafs die Mietpreise steigen, und damit die Wohnungsnot akuter wird.

Der Mangel jeder einheitlichen gesetzlichen Regelung dieser Fragen hat die bekannte Agitation herbeigeführt, die von dem Deutschen Verein für öffentliche Gesundheitspflege ausgegangen ist und die Durchsetzung reichsgesetzlicher Vorschriften nicht nur für die Anlage, sondern auch für die Benutzung der Wohnungen, und für die Gemeinden Expropriationsrecht im Sinne der englischen Gesetzgebung und das Recht anstrebt, Räume, welche gesundheitswidrig sind, für unbrauchbar zum längeren Aufenthalt von Menschen zu erklären und den Umbau von Häusergruppen oder Ortsbezirken, die für unbenutzbar erklärt sind, zu veranlassen oder vorzunehmen (s. Anlage 1).

Wir können diesen Gegenstand nicht verlassen, ohne wenigstens in aller Kürze noch auf eine andere Frage einzugehen, die dringend einer gesetzlichen Regelung bedarf. Einen integrierenden Teil der Wohnung, und zwar denjenigen, welcher dieselbe erst wohnlich macht, bildet das bewegliche Inventar, das sie enthält. Die von uns im vorausgehenden Abschnitt angezogenen Schilderungen des herrschenden Notstandes stimmen alle darin überein, in wie unglaublich verwahrlostem Zustande sich häufig das Mobiliar solcher Wohnungen befindet. Dieselbe Beobachtung ist bei den verschiedensten anderen Gelegenheiten gemacht und wird namentlich durch die neueren Enquêten, welche sich auf die gesamte Lebenshaltung von Arbeiterfamilien ausdehnen, bestätigt [1]). Wir erfahren bei dieser Gelegenheit, wie häufig es vorkommt, dafs diesen Leuten für verhältnismäfsig geringe Schuldposten Mobiliar gepfändet, oder wegen Mietrückstandes dasselbe einbehalten wird. Es ist begreiflich, dafs die Gerichtsvollzieher nicht die schlechtesten, sondern die relativ besten Stücke hierzu ausersehen, und wenn der Verkauf der alten Möbel auch den Gläubigern kaum viel Vorteil bringt, so mufs er doch dem Gepfändeten alle Lust benehmen, Geld für neue Möbel auszugeben, die bei der nächsten Exmission doch wieder verloren gegangen wären.

---

[1]) S. u. a. Frankfurter Arbeiterbudgets. Schriften des Freien Deutschen Hochstifts. Frankfurt a. M., 1890.

Das bürgerliche Recht behandelt den in Benutzung einer Familie befindlichen Bestand von Mobiliar, anstatt dessen Veräufserung und Verschleuderung zu erschweren, ganz ebenso wie ein Warenlager, das vor allem leicht und ohne beschränkende Formen mufs veräufsert werden können. In einem Referat zur Arbeiterwohnungsfrage hat Flesch[1]) darauf hingewiesen, dafs die Drohung, die in unserer Exekutionsgesetzgebung liegt, sich fast mehr, als gegen den Schuldner selbst, gegen dessen unselbständige Angehörige richtet. Sie ist also gerade dem Müssiggänger und Liederlichen gegenüber wirkungslos; höchstens veranlafst sie ihn, Gegenstände, die Exekutionsobjekte sein könnten, nicht anzuschaffen, oder rechtzeitig und in seinem eigenen Nutzen selbst zu verwerten. Die Durchführung der Exekution aber bewirkt vielfach dauerndes wirtschaftliches Siechtum; sie benimmt die Arbeitsfreudigkeit und erschwert die Arbeitsmöglichkeit. Es ist also eine berechtigte Forderung, mit der sich die Juristen ohne Zweifel früher oder später werden abfinden müssen, dafs die Mobiliarausstattung der Wohnungen der ärmeren Klassen des vermehrten und erweiterten Schutzes teilhaftig wird. Auf das „Wie“ können wir hier nicht eingehen. Die Gesetzgebung der Vereinigten Staaten von Nordamerika und die Vorschläge, welche auf dem Kongrefs des Deutschen Vereins für Armenpflege und Wohlthätigkeit in dieser Richtung gemacht worden sind, bieten hierfür die nächsten Anhaltspunkte.

In jüngster Zeit hat man in Belgien den Versuch gemacht, auf anderem Wege der Lösung der Frage näherzukommen. Das belgische Gesetz, betreffend die Arbeiterwohnungen, vom 9. August 1889 (s. Anlage 2) will nicht von staatswegen die Baugesellschaften protegieren, sondern dieselben, entsprechend einem durch die ganze belgische Arbeiterschutzgesetzgebung gehenden Zuge, durch eine vermittelnde Instanz anregen und in die rechten Wege leiten. Diese Instanz sollen die „Comités de patronage“ bilden, die in jedem Verwaltungsbezirk eingesetzt sind und die Aufgabe haben, die Errichtung, die Vermittlung und den Verkauf gesunder Arbeiterhäuser zu fördern, jeden Fortschritt der Bauhygiene im allgemeinen und alle Chancen, wie sie durch die besonderen Verhältnisse gegeben sind, für die

[1]) Schriften des Deutsch. Ver. f. Armenpflege u. Wohlthätigkeit. Heft XI. Leipzig, 1890.

Errichtung solcher Häuser zu benutzen, endlich das Hypothekenversicherungswesen in jeder Richtung zu heben und zu konsolidieren. Zu diesem Zwecke können die Comités, denen die Rechte juristischer Personen zur Erwerbung von Legaten und Benefizien jeder Art ohne weiteres beigelegt sind, Preise für Sparsamkeit, Sauberkeit und Ordnungssinn aussetzen; sie bewegen sich auf dem Boden der als zweckdienlich erkannten Maſsnahmen mit groſsen Freiheiten und sind in der Lage, sowohl den kommunalen Verwaltungskörpern, wie den Provinzialbehörden und der Zentralinstanz auf den kürzesten Wegen ihre Erfahrungen und Vorschläge mitzuteilen, der letzteren auch besonders in Bezug auf erforderlich werdende Expropriationen. Ein jährlicher Bericht der Comités ist an den Minister für Ackerbau, Industrie und öffentliche Arbeiten zu richten und von diesem alsdann dem obersten Gesundheitsrat mitzuteilen. Die Ergebnisse dieses Versuches lassen sich noch zu wenig übersehen, um entscheiden zu können, was davon sich etwa auf unsere Verhältnisse übertragen lieſse. Mancherlei Erfahrungen auch bei uns machen es wahrscheinlich, daſs aus der Thätigkeit einer solchen Zwischeninstanz eine willkommene Ergänzung und Verstärkung der amtlichen Kräfte erwachsen könnte, der die arbeitende Klasse einerseits, diejenigen Unternehmerkräfte, um die es sich hier handelt, andererseits vielleicht mit mehr Vertrauen entgegen kommen würden, als einer Instänz mit ausgeprägt bureaukratischem Charakter.

III.

Gesetzliche Bestimmungen, welche die Beseitigung sanitärer Miſsstände mit Bezug auf einzelne Häuser sowohl, wie auf ganze Häuserkomplexe und Bauquartiere garantieren, bedeuten noch lange keine Lösung der Wohnungsfrage. Auf Grund derselben kann man wohl einreiſsen, kann die Eigentümer von Miethäusern zwingen, ihre Wohnungen in einem Zustande zu erhalten, der für die Bewohner keine gesundheitlichen Gefahren einschlieſst, kann sogar eine gefährliche Überfüllung der Wohnungen verhindern. Aber die einseitige Durchführung solcher Bestimmungen würde nach der andern Seite einen nur um so schlimmeren Zustand schaffen. Tausende, die heute, wenn auch ein elendes, so doch überhaupt ein Obdach ihr eigen nennen, würden einfach auf die Straſse gesetzt sein, weil alsbald ein vollständiger Mangel an Wohnungen eintreten würde.

An Stelle der eingerissenen Häuser würde die reine Privatspekulation keine ausreichenden Neubauten errichten, weil unter den verschärften Bedingungen nicht auf einen hinreichend grofsen Gewinn aus dem Vermieten kleiner Wohnungen zu rechnen ist. Der Überschufs der aus den bisher überfüllten Wohnungen vertriebenen Mieter würde ebenfalls die Zahl der Wohnungsuchenden vermehren, und die so aufs äufserste verstärkte Nachfrage würde den Mietpreis der vorhandenen Wohnungen bis zum Unerschwinglichen steigern.

Es mufs also zu der gesetzgeberischen Thätigkeit des Staates auch die Fürsorge für zweckentsprechende neue Wohnungen hinzutreten. In welcher Richtung sich dieselbe bislang bewegt hat, soll nunmehr in aller Kürze resumiert werden. Um Mifsverständnissen vorzubeugen, sei jedoch ausdrücklich hervorgehoben, dafs es sich selbstverständlich hier nicht um eine vollständige Aufzählung aller auf diesem Gebiete vorhandenen Einzelorganisationen handeln kann: dieselben sind in einer sehr grofsen Zahl vorhanden und täglich im Neuentstehen begriffen. Wir müssen uns darauf beschränken, für jedes Organisations**prinzip** typische Beispiele herauszugreifen, und werden auch so noch befürchten müssen, hier und da allzu breit in der Darstellung zu erscheinen.

Wir können die Bestrebungen, um die es sich hier handelt, zweckmäfsig in folgende fünf Gruppen einteilen:

1. Fürsorge von Arbeitgebern für Arbeiterwohnungen.
2. Selbsthilfe der Arbeiter auf diesem Gebiete.
3. Humanitäre Bestrebungen Privater.
4. Gemeinnützige Bauunternehmungen mit beschränkter Kapitalverzinsung.
5. Private Bauthätigkeit.

Natürlich ist die Trennung der einzelnen Gruppen nicht immer eine ganz scharfe, so grenzt die Fürsorge der Arbeitgeber für Arbeiterwohnungen recht häufig nahe an das Gebiet der humanitären Bestrebungen etc., aber wir gewinnen durch diese Einteilung doch eine gewisse Übersichtlichkeit, die für das Verständnis von Vorteil sein dürfte.

1. Fürsorge von Arbeitgebern.

Es besteht kein Zweifel, dafs, wenn die rein private Bauspekulation nicht ausreicht, Wohnungen für die arbeitende Bevölkerung bereitzustellen, in erster Linie der Arbeitgeber ein Interesse daran hat, daſs Wohnungen in nicht zu groſser Entfernung vom Arbeitsplatze vorhanden sind. Am deutlichsten tritt das eigene Interesse, das der Arbeitgeber an der Frage hat, in den Fällen hervor, wo er ohne die Errichtung von Wohnungen für sein einsam gelegenes Etablissement überhaupt keine hinreichenden Arbeitskräfte erhalten würde. In solchen Fällen wird der Arbeitgeber stets, sei es auch nur dem Zwange gehorchend, Wohnungen beschaffen, aber sie werden keineswegs überall den Anforderungen entsprechen, die man vom sanitären Standpunkt aus billigerweise an Aufenthaltsräume für Menschen stellen kann.

Namentlich da, wo derartige Räume für die Aufnahme einer flottierenden Arbeiterbevölkerung hergerichtet werden, begegnen wir nicht selten Miſsständen, die wir ohne weiteres der Wohnungsnot in den groſsen Industriezentren an die Seite stellen können. Die Gesetzgebung ist diesen Miſsständen daher auch, wie wir gesehen haben, ganz besonders nahegetreten und regelt das Kost- und Quartiergängerwesen zum Teil in sehr eingreifender und zweckmäſsiger Weise durch lokalpolizeiliche Vorschriften, für deren Zustandekommen namentlich auch seuchenpolizeiliche Gesichtspunkte maſsgebend gewesen sind.

Wir haben schon darauf hingewiesen, daſs in seiner Eigenschaft als Arbeitgeber auch der Staat sich zweckmäſsig an der Lösung der Wohnungsfrage beteiligt, und so finden wir in der That auf diesem Gebiete staatliche Veranstaltungen, die nach vieler Richtung als Muster gelten können. Dahin gehört die Barackenanlage für die beim Bau des Nord-Ostseekanals beschäftigten Arbeiter, die eins der groſsartigsten Beispiele für die zeitweilige Unterbringung groſser flottierender Arbeitermassen darbietet. Wir können bezüglich derselben auf eine leicht zugängliche Publikation[1]) verweisen; Angaben über die Rentabilität des Unternehmens stehen uns leider nicht zu Gebote.

Im gröſsten Maſsstabe tritt bei uns in Preuſsen der Staat als Arbeitgeber beim Bergwerksbetriebe auf, und gerade hier

[1]) Lütjohann, Die Barackenanlagen zur Unterbringung und Verpflegung der Arbeiter beim Bau des Nord-Ostseekanals. Deutsch. Vierteljahresschr. f. öffentl. Gesundheitspflege, 1889, 4. Heft.

finden wir auch eine weitgehende Fürsorge für das Wohnungsbedürfnis der Arbeiter. Namentlich haben auf den königlichen Steinkohlengruben bei Saarbrücken die Bestrebungen zur dauernden Sefshaftmachung der Arbeiter in der Nähe der Werke durch Errichtung gesunder Arbeiterwohnungen und Gründung ganzer Arbeiterkolonieen gröfsere Bedeutung gewonnen. Hier hat vornehmlich das System der Ansiedelung in durch die Arbeiter selbst erbauten Prämienhäusern ausgedehnte Anwendung gefunden. An die Gewährung solcher Bauprämien sind folgende Bedingungen geknüpft: Das zu prämiierende Haus mufs mindestens 40 qm Grundfläche und aufser der Küche noch drei bewohnbare Räume und in diesen vier Räumen wenigstens 32 qm Grundfläche enthalten. Dasselbe mufs aus gutem und dauerhaftem Material und in guter Bauweise ausgeführt werden. Der Fufsboden eines jeden Wohnraumes mufs mindestens 45 cm über dem umgebenden Terrain liegen, und letzteres vom Hause ab nach allen Richtungen abfallen. Umfassungsmauern von Wohnräumen im Kellergeschofs, welche an Erde oder Fels stofsen und nicht 45 cm unter dem Fufsboden frei liegen können, müssen im Innern mit einer 10 cm starken Luftschicht aufgeführt werden. Diese Luftschicht mufs mit der Atmosphäre in Verbindung stehen und 45 cm unter den Fufsboden reichen. Dächer, welche nicht einen Vorsprung von mindestens 60 cm vor die Mauerflucht haben, sind mit Dachrinnen und Abfallröhren zu versehen. Besondere Vorschriften für spezielle Fälle sind vorbehalten. Für die vorschriftsmäfsig gebauten Häuser werden Prämien von 750 bis 900 ℳ gewährt, je nachdem die bewohnbare Fläche 32 bis 66 qm beträgt. Die Bergleute, welche eine Bauprämie erhalten haben, sind verpflichtet, das Haus zehn Jahre selbst zu bewohnen und die von ihnen etwa nicht benutzten Räumlichkeiten nur an Bergarbeiter im aktiven Dienste der Königlichen Steinkohlengruben zu vermieten. Nur an solche und nur mit Zustimmung der Bergwerksdirektion darf eintretenden Falles das Haus verkauft werden (s. Anlage 3).

Eine zweite Art der Unterstützung besteht in der Gewährung zinsfreier Bauvorschüsse bis zum Betrage von 1500 ℳ. Die Rückzahlung derselben erfolgt in monatlichen Raten von 3 bis 15 ℳ; dieselben müssen jährlich mindestens 10 % der ganzen Vorschufssumme betragen, die nach Mafsgabe des fortschreitenden Baues gegen Atteste des Bauwerkmeisters an die Bauhandwerker und Lieferanten der Baumaterialien ausgezahlt wird.

Die Gesamtsumme der seit 1873 gewährten Hausbaavorschüsse stellte sich zum Beginne des Etatsjahres 1889/90 auf 2705000 ℳ.

Hiervon waren bis zum 31. März 1889		
zurückbezahlt	2203960 ℳ	
und abgesetzt	303 „	2204263 ℳ
so dafs am 1. April 1889 ausstanden		500737 ℳ
Hierauf sind im Laufe des Jahres 1889/90 abgetragen		93175 ℳ
neu hinzugekommen durch die in diesem Jahre fernerhin gewährten Hausbauvorschüsse		105000 ℳ
so dafs der Betrag der Schuld am 1. April 1890 betrug:		512562 ℳ
Zur Gewährung von Hausbauprämien standen im Jahre 1889/90 zur Verfügung		63485 ℳ
Hierauf gelangten zur Auszahlung 59 Prämien von je 795 bis 900 ℳ mit		52800 ℳ
so dafs ein verfügbarer Rest für 1890/91 verblieb von		10685 ℳ

Die im Jahre 1889/90 erteilten Prämien wurden auf 59 Hausbauten gewährt, welche mittels des aufserdem gegebenen Hausbauvorschusses fertiggestellt waren. Die Gesamtzahl der im Saarbrücker Revier auf diese Weise prämiierten Häuser beträgt 5172, von denen 1466 in den bergmännischen Kolonieen und 3706 aufserhalb der letzteren in den Ortschaften des Baurayons liegen. Von diesen Häusern wurden 2063 mit verzinslichem Bauvorschufs aus der Knappschaftskasse, 3850 mit unverzinslichem Vorschusse aus der Staatskasse, und 259 ohne solchen Vorschufs erbaut. Im Jahre 1889/90 zahlten sämtliche Bergleute der Königlichen Berginspektion, welche zinsfreie Baudarlehen erhalten haben, die Rückzahlungsquoten ganz ein. Durch freiwilligen Verkauf sind im Etatsjahre 1889/90 fünf Prämienhäuser von den seitherigen Besitzern an andere aktive Bergleute übertragen worden. Die gerichtliche Zwangsversteigerung ist im Laufe des Etatsjahres 1889/90 gegen keinen einzigen Bergmann als Besitzer eines Prämienhauses eingeleitet worden. Es handelt sich also, wie wir sehen, um recht umfangreiche Veranstaltungen, die, wie aus den mit Absicht etwas eingehender wiedergegebenen Rechnungsergebnissen hervorgeht, insofern die voraussetzungsgemäfse Entwicklung genommen haben, als die vorgesehenen Rückzahlungen der Arbeiter programmgemäfs eingegangen sind. Dafs es sich hierbei um erhebliche Opfer des Staates als Arbeitgeber zu Gunsten der Arbeiter handelt, geht ebenfalls ohne weiteres aus dem mitgeteilten hervor.

In ähnlicher Weise bietet die königliche Berginspektion Stafsfurt den Bergarbeitern in Form von Bauprämien und Vorschüssen Beihilfen zur Erbauung von Wohnhäusern, deren bis 1885 nahe an hundert mit einem Staatszuschufs von über 200000 Mark fertiggestellt waren. Die Direktion des Herzoglich Anhalt'schen Salzwerks Leopoldshall gewährt den Arbeitern unentgeltlich Baustellen und Hausbauprämien. Die Leopoldshaller Arbeiterkolonie umfafste 1889 48 Wohnhäuser mit 226 Wohnungen, auf ehemaligem fiskalischem Terrain erbaut, und 23 Wohnhäuser mit 66 Wohnungen, die unter staatlicher Beihilfe in benachbarten Dörfern erbaut wurden. Auch hier erreichen die staatlichen Zuschüsse erhebliche Summen.

Einen weit gröfseren Umfang mufs natürlich, entsprechend der heute durchweg bestehenden Organisation der Arbeit, auf diesem Gebiete die Fürsorge privater Arbeitgeber für ihre Arbeiter annehmen. Hat doch u. a. die einzige Firma Friedrich Krupp in Essen Arbeiterkolonieen begründet, die in weit über 3000 Häusern einer Arbeiterbevölkerung von etwa 15000 Seelen Obdach geben. Wir haben vor kurzem in dem Abschnitt „Arbeiterwohlfahrtsbestrebungen" in dem Bericht über die Berliner Ausstellung für Unfallverhütung[1]) eine Zusammenstellung einer ganzen Reihe solcher Veranstaltungen gegeben, die aber natürlich lange nicht erschöpfend sein konnte. Gerade auf diesem Gebiete sind die Veranstaltungen so zahlreiche, ist gerade in der letzten Zeit so viel neues hinzugekommen, dafs es für den einzelnen fast unmöglich ist, der Entwicklung auf Schritt und Tritt zu folgen. Das ist aber auch für unsern Zweck und für die Würdigung der Bedeutung dieser Gruppe von Veranstaltungen nicht nötig. Das wirtschaftliche Prinzip ist ziemlich durchweg dasselbe. Der Arbeitgeber baut die Häuser auf seine Kosten, er begnügt sich, zum Teil von humanitären Gesichtspunkten geleitet, zum Teil in Verfolgung eines wohlverstandenen Selbstinteresses, mit einer niedrigen Verzinsung des hierfür aufgewandten Kapitals und kann infolgedessen den Arbeitern für einen geringeren Mietpreis, als den ortsüblichen, in der Regel bessere und geräumigere Wohnungen bieten, als die Privatbauthätigkeit sie ihnen stellt. Wo derartige Arbeiterkolonieen

[1]) Band I, S. 861 ff. Berlin, Carl Heymanns Verlag, 1890.

einen gröſseren Umfang haben, ist sehr häufig auch noch ein gewisser Aufwand für andere Wohlfahrtseinrichtungen, Bäder, Kleinkinderschulen etc. möglich. Der Arbeitgeber baut die Wohnung durchaus für seine Arbeiter, er beabsichtigt nicht, sich derselben zu entäuſsern, es wird also dauernd zwischen Arbeitgeber und Arbeiter nur ein einfaches Verhältnis des Vermieters zum Mieter bestehen.

Was Bauweise und Einrichtung dieser Kategorie von Arbeiterhäusern anlangt, so bieten dieselben natürlich die allergröſsten Verschiedenheiten. Vom Einfamilienhause bis zum mehrstöckigen Reihenhause durchlaufen sie alle nur denkbaren Typen, und je nach der Lohnklasse der Arbeiter und dem höheren oder geringeren Kapitalzins, mit dem sich der Erbauer zufrieden gibt, richtet sich die Gröſse und der Grad von Komfort, welchen die einzelne Wohnung darbietet. Vor allem aber kommt hier wesentlich in Betracht, daſs es sich bei dieser Gruppe von Veranstaltungen durchweg nicht um groſsstädtische Grunderwerbsverhältnisse handelt. Überall sind diese Arbeiterkolonieen mit den Fabriketablissements, zu denen sie gehören, so weit vor die Thore der Städte gewandert, daſs der Grund und Boden für ihre Erbauung noch zu mäſsigen Preisen zu erstehen ist. Ein Geizen mit dem Raume braucht also weniger mit Rücksicht auf die Grunderwerbskosten, als in Ansehung der eigentlichen baulichen Aufwendungen stattzuhaben, und infolge dessen pflegen diese Wohnungen, wenn der Grundriſs nur einigermaſsen gut gewählt, die Bauausführung nur mit einiger Sachkenntnis geleitet ist, auch meistens den sanitären Anforderungen zu genügen. Diese beiden Forderungen werden aber leicht erfüllt, denn es stehen nachgerade so viele Vorbilder zur Verfügung, daſs der Erbauer sich nur an eins der nächstgelegenen anzulehnen braucht, um das richtige, je nach Ort und besonderen Verhältnissen herauszufinden. Die bekannten gröſseren Werke von Manega, Schmölcke, Muller und Cacheux, die vom Verein Concordia herausgegebene Sammlung etc. (s. die Litteraturzusammenstellung am Schluſs) bieten solche Wohnhaustypen mehr als im Überfluſs.

Wollen wir uns kurz vergegenwärtigen, welches die Vorzüge dieses Systems der Fürsorge für das Wohnungsbedürfnis der Arbeiter sind, so kommen wir dahin: sie werden stets dem eigentlichen Zweck erhalten bleiben, für den sie bestimmt sind, d. h. sie sind und bleiben Wohnungen für die Arbeiter. Zweitens ist der Arbeiter durch sie der Arbeitsstätte nahe gerückt, sie sind eben meistens ein unmittelbarer Appendix der Fabrik. Drittens pflegen sie ausnahmslos ihrer Bauart nach den sanitären Anforderungen zu genügen, und durch geeignete Hausordnungen, welche die Fabrikleitung erlassen kann, ist auch bis zu einem gewissen Grade eine hygienischen Grundsätzen entsprechende Benutzung der Wohnräume gewährleistet. Aber sobald der Arbeiter in die Lage kommt, sein Arbeitsverhältnis zu lösen, ist damit prinzipiell auch sein Mietsverhältnis aufgehoben, ein im Sinne des Arbeiterhaushaltes ungünstiger und oft sehr schwerwiegender Faktor. Alle die günstigen Einflüsse, welche zweifellos geordnete und eines gewissen häuslichen Komforts nicht entbehrende Wohnungsverhältnisse auf die Arbeiterbevölkerung ausüben müssen, werden illusorisch, wenn nicht zugleich eine gewisse Stetigkeit derselben gewährleistet ist, und wenn der Arbeiter mit einem Stellenwechsel ohne weiteres auch zu einem Wohnungswechsel gezwungen ist, kann von einer solchen Stetigkeit nicht die Rede sein. Dies mag ein Grund mit sein, weshalb nicht selten auch die besseren Elemente der Arbeiterbevölkerung die private Mietwohnung, die ihnen weniger und schlechtere Räume gewährt, der besseren Wohnung in der Arbeiterkolonie vorziehen. Wir wissen sehr wohl, dafs zum anderen, vielleicht erheblicheren Teil an diesem Umstand die Befürchtung Schuld ist, sich unter eine gewisse Beaufsichtigung seitens der Fabrikleitung zu begeben. Dazu kommt aber noch ein zweites, was wesentlicher ins Gewicht fällt. Wie wir schon angedeutet haben, sind diese Veranstaltungen kein eigentliches Linderungsmittel für die Wohnungsnot in den grofsen Städten. Nur insofern sie, gleichzeitig mit der Verlegung der grofsen Fabriketablissements aus dem Innern der Städte vor die Thore, diesen nach einen Teil der Arbeiterbevölkerung ziehen, entlasten sie gewissermafsen die Städte und schaffen für andere Wohnungsbedürftige Platz. Innerhalb der grofsen Industriezentren selbst — also da, wo die Wohnungsnot am gröfsten ist — haben, mit wenigen Ausnahmen, gerade die Arbeitgeber, wenigstens direkt, bis jetzt herzlich wenig zur Lösung der Frage beigetragen, die doch sie eigentlich in erster Linie angeht. Allerdings müssen wir auch anerkennen, dafs hier das Risiko bisher fast zu grofs erschien, um den Vorteilen gegenübergestellt werden zu können, die es für den Arbeitgeber hat, wenn er sich durch eine selbst Opfer erheischende Fürsorge einen tüchtigen und verläfslichen Stamm von Arbeitern heranbildet.

Unter die Rubrik der Fürsorge von Arbeitgebern für ihre Arbeiter gehört endlich noch eine weitere Gruppe von Veranstaltungen, als deren Typus die von uns schon genannte Société Mulhousienne des cités ouvrières gelten kann. Allerdings ist dies nicht im strengsten Sinne des Wortes der Fall. Wir haben es eigentlich mit einer gemeinnützigen Baugesellschaft mit der Organisation einer Aktiengesellschaft zu thun, d. h. die Aktionäre der Gesellschaft verzichten von vornherein auf eine höhere Verzinsung ihres eingeschossenen Kapitals, als einen bestimmten Prozentsatz, in diesem Falle 4 %. Aufserdem erhielt das Unternehmen bald nach seiner Begründung eine Staatssubvention von der französischen Regierung von erheblicher Höhe. Da aber die Aktionäre der Gesellschaft durchweg Industrielle, die Wohnungen, wenigstens ursprünglich, für die in den Etablissements derselben beschäftigten Arbeiter bestimmt sind, können wir füglich das Unternehmen noch unter dieser Kapitelüberschrift rubrizieren.

Die Gesellschaft wurde im Jahre 1853 begründet[1]). Das Grundkapital betrug 300000 frs. und wurde in 60 Aktien zu je 5000 frs. eingeteilt. Die Zahl der Aktien wurde dann bald auf 71 vermehrt, womit sich das Grundkapital auf 355000 frs. erhob. Aus einem Fonds, den Napoleon III. durch Dekret vom Jahre 1852 für die Verbesserung der Arbeiterwohnungen in den grofsen Manufakturstädten Frankreichs bestimmt hatte, erhielt das Unternehmen einen Zuschufs von 300000 frs., der bestimmungsgemäfs dazu dienen sollte, die Anlagekosten für die Strafsen, Be- und Entwässerung, gemeinnützigen Anstalten in der Kolonie etc. zu bestreiten. Im Verlauf der Bauten bewilligte der Crédit Foncier der Gesellschaft einen Hypothekenkredit von 350000 frs., so dafs derselben ein Kapital von ca. 1000000 frs. zu Gebote stand.

Das neue, was mit der Begründung der Mülhausener Arbeiterstadt in die Wohnungsfrage hineingetragen wurde, ist das Prinzip der allmählichen Eigentumserwerbung der Häuser durch die Arbeiter selbst. Man ging von dem, allerdings auf den ersten Blick sehr bestechenden Gedanken aus, dem tüchtigen und ordentlichen Arbeiter, der sich eine kleine Summe erspart, die Möglichkeit zu gewähren, durch allmähliche kleine Abzahlungen in den Besitz eines eigenen Heims zu gelangen. Dieses Prinzip

---

[1]) Schall, Das Arbeiterquartier in Mülhausen im Elsafs. Berlin, 1877.

bedingte in erster Linie die ausschliefsliche Errichtung kleiner Einzelhäuser, die inmitten eines kleinen Gartens stehen, oder von Reihenhäusern mit Vor- und Hintergarten, deren jedes dem Wohnungsbedürfnis einer Familie entsprechend ist, mit anderen Worten, es handelt sich um das „Cottagesystem", das sich in den englischen Arbeiterstädten seit lange eingebürgert hat. Die Preise der von der Gesellschaft erbauten Häuser, die in der Regel zwei Zimmer, Küche, Kammern, Keller, Bodenraum etc. enthalten, schwankten in den ersten Jahren zwischen 2200 bis 3000 frs. und stellten sich später durchschnittlich etwas höher. Die erforderliche erste Anzahlung, um ein solches Haus zu erwerben, beträgt 250 bis 300 frs., die monatlichen Geldleistungen variieren zwischen 18 und 25 frs. Dieselben sind so angesetzt, dafs sie im Jahre mindestens 8 % der Kaufsumme ausmachen. 4 % dienen zur Verteilung an die Aktionäre, 1 bis 1½ % zur Deckung der Einnahmeausfälle für leerstehende Häuser, Versicherungen, Verwaltung etc., während 2½ % zur Amortisation der Kaufsumme den Bewohnern gutgeschrieben und verzinst werden. Die vollkommene Tilgung des Kaufpreises erfolgt in 13 bis 16 Jahren.

Die Gesellschaft hat, namentlich bis zu den 80er Jahren, eine rege Bauthätigkeit entfaltet. Bis 1881 waren 996 Häuser fertiggestellt. Dieselben waren alle verkauft zum Gesamtpreise von 2932475 frs., von welcher Summe 2415452 frs. getilgt waren, so dafs eine Gesamtschuld der Arbeiter von nur 517017 frs. verblieb. Nähere Daten über die weitere Entwicklung des Unternehmens stehen uns leider nicht zur Verfügung. Nach dem Muster der Mülhausener Gesellschaft sind im Laufe der Jahre zahlreiche ähnliche Unternehmungen entstanden, in Deutschland u. a. in München-Gladbach (1870), Barmen (1872), Hamburg (1878) etc. Auf eine Würdigung des Systems kommen wir im folgenden Abschnitt zurück.

2. Selbsthilfe der Arbeiter.

In diese Kategorie können wir die auf dem genossenschaftlichen Prinzip beruhenden Bauvereine und Baugenossenschaften rechnen, von denen der Arbeiterbauverein in Kopenhagen der älteste und am weitesten entwickelte und für eine ganze Reihe späterer Unternehmungen vorbildlich gewesen ist. Diese Baugenossenschaften fufsen zum grofsen Teil ebenfalls auf dem Prinzip der Eigentumserwerbung der aus dem Genossenschaftsvermögen errichteten Einzelhäuser durch ihre Mitglieder.

Der genannte Kopenhagener Bauverein wurde 1865 von 230 Arbeitern der Maschinenfabrik und Schiffswerft Burmeister & Wain gestiftet. Mitglied kann jeder werden, der sich verpflichtet, wöchentlich 35 Oere (40 Pfennig) auf die Dauer von zehn Jahren zu zahlen. Für die Mitgliederbeiträge und im Verhältnis dazu stehende Anlehen wird jährlich eine Anzahl für eine bezw. zwei Familien eingerichteter Einzel- oder Doppelhäuser gebaut. Wer ein Haus erwirbt, zahlt dafür einen Prozentsatz der Kostensumme, der eine Amortisationsquote enthält, welche ihn in etwa 20 Jahren schuldenfrei macht. Die Genossenschaft zählt jetzt über 16000 Genossen und baut neuerdings jährlich 80 Häuser. Seit der Begründung sind 800 Häuser gebaut worden. Auch der Flensburger, nach ähnlichen Grundsätzen arbeitende Verein war rasch von 189 Mitgliedern (1878) auf 795 (1885) gewachsen; er hatte im Dezember 1885 19 Häuser im Werte von fast 100000 ℳ. hergestellt und besafs Grundstücke im Betrage von 29550 ℳ.

Die Einrichtungen dieser Vereine sind das Vorbild für eine Baugenossenschaft geworden, die im Jahre 1886, hauptsächlich auf Betreiben des Abgeordneten Schrader und des Stadtverordneten Wohlgemuth — letzterer ist der Architekt der Gesellschaft — in Berlin gegründet ist, und die im Gegensatz zu anderen älteren deutschen Baugenossenschaften, die wenig Erfolge aufzuweisen haben, eine rasche und, wie es scheint, recht günstige Entwickelung nimmt. Es ist die auf dem Prinzipe der eingetragenen Genossenschaft mit beschränkter Haftbarkeit der Mitglieder basierte Berliner Baugenossenschaft. Das Statut (s. Anlage 4) bezeichnet als Zweck der Genossenschaft, billige und gesunde Wohnungen in Berlin und Umgegend für ihre Mitglieder zu beschaffen. Mitglied kann jeder werden, der sich zur Erwerbung von mindestens einem Geschäftsanteil im Betrage von 200 ℳ. verpflichtet, welcher durch Wochenbeiträge von mindestens 40 ₰ allmählich abgezahlt werden kann.

Die bisher erbauten Häuser der Gesellschaft — durchweg Doppelhäuser — haben zwei Stockwerke, deren jedes eine besondere Wohnung, bestehend aus zwei bis drei Zimmern, Küche, Flur, Keller, Bodenraum bildet. Hinter dem Wohnhaus befindet sich ein Stallgebäude mit Waschküche, Abtritt etc. Das Haus kostet mit 35 bis 40 Quadratruten Terrain, Umzäunung des Grundstücks und

Brunnen 6000 bis 7500 *M.* Ist ein Haus fertiggestellt, so werden unter Bekanntgabe des Selbstkostenpreises die Genossenschafter, die ein solches zu erwerben wünschen, aufgefordert, sich zu melden; dazu ist erforderlich, dafs der Betreffende auf seinen Geschäftsanteil mindestens 20 *M.* eingezahlt hat und seit wenigstens einem halben Jahre der Genossenschaft angehört hat. Sind mehrere Reflektanten vorhanden, so entscheidet unter ihnen das Los. Der Erwerber bezahlt jährlich 6 % der Kostensumme, von denen 4 % als Miete gelten, 2 % als Amortisation dienen und ihm gutgeschrieben werden. Ist durch

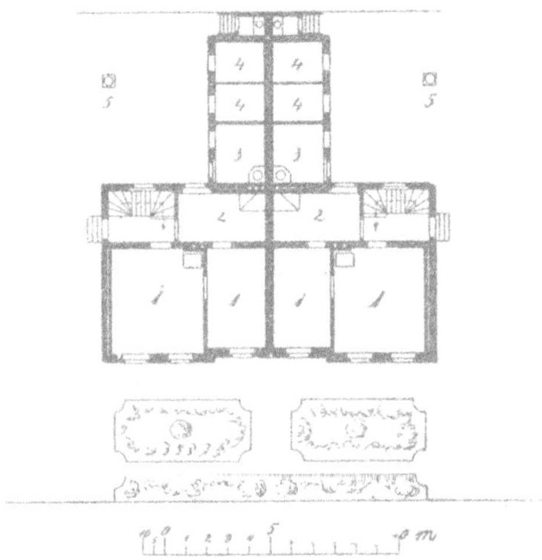

Grundrifs des Erdgeschofses.

Fig. 1. Doppelhaus der Berliner Baugenossenschaft.
1. Stube. 2. Küche. 3. Waschküche. 4. Stall. 5. Brunnen.

solche Abzahlung ein Drittel des Kaufpreises gedeckt, was bei diesem Modus in etwa 12 Jahren der Fall ist, so tritt der Erwerber in alle Rechte des Eigentümers. Die restierenden zwei Drittel werden als Hypothek zur ersten Stelle auf das Grundstück eingetragen. Für den Fall, dafs ein Erwerber den Ort verlassen will oder stirbt, nimmt die Genossenschaft das Haus eventuell zurück. Die Beiträge, welche die Mitglieder leisten, werden jedem in ein dafür bestimmtes Guthabenbuch eingetragen und verzinst, so dafs dasselbe von denjenigen Genossenschaftern, welche kein Haus erwerben, als Sparkassenbuch betrachtet werden kann.

Wir geben in Fig. 1 den Grundrifs eines solchen Doppelhauses wieder, wie deren mehrere im Jahre 1889 in Adlershof bei Cöpenick an der Berlin-Görlitzer Bahn gebaut sind. Wir finden in den Publikationen der Gesellschaft dafür nachstehenden allgemeinen Kostenüberschlag:

36,50 Quadratruten Boden à 20 ℳ = ...	730,00 ℳ
59,00 qm bebaute Fläche des Wohnhauses	
20,00 qm bebaute Fläche des Stallgebäudes mit Abtritt, Umwehrung, Brunnen, zusammen	6000,00 ℳ
	6730,00 ℳ

Dabei ist eine Ausführung der Fronten in gelben Verblendsteinen mit roten Schichten, bezw. roten Verblendsteinen mit gelben Schichten, ein teilweise mit glasierten Steinen verziertes Ziegeldach in Aussicht genommen. Die Räume des Obergeschosses entsprechen genau denen des Erdgeschosses. Im Dachgeschofs befindet sich auch eine ausgebaute Giebelstube.

Der Jahresbericht der Genossenschaft für 1888 enthält nebenstehende Rechnung, welche die Rentabilität der von den Genossenschaftern zu erwerbenden Häuser nachweisen soll.

Die Genossenschaft zählte 1890 rund 800 Mitglieder. Bis 1888 wurden acht und 1889 achtzehn Häuser in dem östlich von Berlin gelegenen Vorort Adlershof erbaut. Am 1. April 1891 konnten in dem westlichen Vorort Lichterfelde vierzehn Häuser bezogen werden.

Nach dem Muster dieser Genossenschaft haben sich bereits wieder ähnliche in Magdeburg, Görlitz, Glogau und an anderen Orten gebildet.

Haus-No.	1	2	3	4	5	6	7	8
	ℳ	ℳ	ℳ	ℳ	ℳ	ℳ	ℳ	ℳ
kostete dem Erwerber	6000	6080	6690	6650	6700	6730	7410	7410
4 % Mietzins pro anno	240,00	243,20	267,60	266,00	268,00	270,20	296,40	296,40
Miete aus Parterrewohnung	180,00	180,00	180,00	180,00	180,00	180,00	180,00	180,00
bleiben für 1—6, 2 Stuben und Küche . .	60,00	63,20	87,60	86,00	88,00	90,20		
für 7—8, 3 " "							116,40	116,40
ferner 2 % Abtrag	120,00	121,60	132,80	133,00	134,00	135,10	148,20	148,20
Vom Erwerber zu leisten	180,00	184,80	221,40	219,00	222,00	225,30	264,60	264,60

Es liegt auf der Hand, dafs von rein sanitären und ethischen Gesichtspunkten aus das Prinzip der Herrichtung kleiner Häuser, womöglich Einzelhäuser, inmitten eines kleinen Gartens, mit der Möglichkeit des Eigentumserwerbs für den Bewohner der idealen Befriedigung des Wohnungsbedürfnisses am nächsten kommt. Bedingt wird der Wert solcher Ansiedelungen, die, wenn es sich um gröfsere Städte handelt, aus Rücksicht auf die Grunderwerbskosten immer in einiger Entfernung vor den Thoren liegen müssen, wesentlich durch das Vorhandensein oder die Herstellung billiger Verkehrsgelegenheiten. Von grofser Bedeutung sind in dieser Beziehung z. B. die Berliner Stadt- und Ringbahn, sowie die Bahnen, welche die Vororte mit Berlin verbinden, geworden. Die Bahnverwaltung gewährt den aufserhalb ihres Wohnortes in Arbeit stehenden Arbeitern zu einem billigen Kilometerpreis Wochenbillets, welche an den Wochentagen zur täglichen einmaligen Hin- und Rückfahrt zwischen Wohn- und Arbeitsort berechtigen. Wo der Staat nicht, wie es bei uns jetzt die Regel ist, selbst die Verwaltung der Verkehrswege übernimmt, müfste bei jeder Konzessionierung oder Genehmigung der Fahrpläne und Tarife den Gesellschaften die Verpflichtung auferlegt werden, eine genügende Anzahl von Arbeiterzügen mit vorgeschriebenen niedrigen Fahrpreisen einzurichten.

Aber dieses Prinzip, welches zumeist aus inneren Gründen der wirtschaftlichen Organisation von den Baugenossenschaften bevorzugt wird, kann unseres Erachtens die Arbeiterwohnungsfrage nur zu einem ganz geringen Teil und höchstens indirekt ihrer Lösung näherbringen. Abgesehen von der Schwierigkeit der Kapitalbeschaffung, die bei allen genossenschaftlichen Unternehmungen, und so auch erfahrungsmäfsig bei den heute bestehenden Baugenossenschaften eine grofse ist, sind mancherlei, nicht nur aprioristische Gründe hierfür ins Feld zu führen. Überall, wo wir uns nämlich die Bewohner solcher sog. Arbeiterkolonieen nach ihrer Zusammensetzung etwas näher betrachten, werden wir finden, dafs wir es mit ganz anderen Gesellschaftsklassen und, wenn einmal ausnahmsweise mit Arbeitern, nur mit solchen der allerhöchsten Stufe zu thun haben. Als Illustration hierzu wollen wir die Liste derjenigen hierhersetzen, welche die im Jahre 1889 erbauten Häuser der Berliner Baugenossenschaft erworben haben; es sind: ein königlicher Bauführer, ein Architekt, ein Zeichner, zwei Kaufleute, zwei Buchhalter, ein Werkmeister, ein Schneidermeister, ein Graveur, ein Bandagist, zwei Tischler, ein Färber, ein Maurer und zwei Arbeiter. Ähnlichen Erfahrungen ist man in England nicht entgangen, man hat sie auch in weitem Umfange in Mülhausen gemacht. Geht das Haus in den Besitz des Arbeiters über, so wird es über kurz oder lang fast immer Gegenstand der Spekulation, und damit ist der Zweck, der zu der Erbauung führte, vereitelt.

Dieser vielfach hervorgetretene Mifsstand ist es, der durch eine eigenartige Organisation vermieden wird, die wir hier noch etwas näher ins Auge zu fassen haben werden. Dieselbe nimmt eine Mittelstellung zwischen Fürsorge des Arbeitgebers und Selbsthilfe der Arbeiter ein und ist eine Schöpfung des Direktors der Niederländischen Hefe- und Spiritusfabrik in Delft in Holland, J. C. van Marken. Derselbe hat für Arbeiterwohnungszwecke eine 4 ha umfassende, der Fabrik angrenzende Fläche angekauft und dieselbe in einen herrlichen, mit Wasseranlagen, Teichen und Brücken, Buschwerk, Rasenplätzen und Blumenbeeten belebten Park verwandelt (s. den Lageplan Fig. 2). In demselben befindet sich seine eigene und aufserdem Wohnungen für 90 Arbeiterfamilien. Je vier bis sechs Familienwohnungen, jedoch jede mit einem gesonderten Eingang, sind unter einem Dache vereinigt; jede hat ein besonderes Gärtchen. Für Unverheiratete ist ein Logierhaus in der Anlage vorgesehen, ferner umfafst dieselbe eine Kleinkinderbewahranstalt, ein Kasino mit Bibliothek, ein Verkaufsmagazin u. a. m. Das Ganze macht einen höchst schmucken Eindruck, Wohnungen und Gärten sind auf das sorgfältigste gepflegt. Die Anlage ist und bleibt — das ist das bemerkenswerte — gemeinschaftliches Eigentum einer zu diesem Zweck gegründeten Aktiengesellschaft (s. Anlage 5). Das Kapital der Gesellschaft beträgt 160000 fl. Die erste bare Einzahlung von 32000 fl. — das holländische Gesetz schreibt vor, dafs wenigstens ein Zehntel des Gesamt-Aktienkapitals eingezahlt werden muss — leistete Herr van Marken gegen Übernahme von ebenso vielen Stammaktien à 100 fl.; er überliefs gleichzeitig der Aktiengesellschaft den Grund und Boden mit Anlage gegen die Summe von 29000 fl. Die Bausumme von 128000 fl. für Herstellung der Wohnungen wurde durch $4^1/_2$ %ige Obligationen aufgebracht, für welche Grund und Boden und Wohnungen als hypothekarische Sicherheit gegeben wurden. Freunde und Aktionäre der Fabrik übernahmen diese Obligationen.

Als Mietzins werden $7\frac{1}{2}\%$ der Herstellungssumme berechnet. Aus dem Gesamtertrage dieses Mietzinses werden zunächst die Verwaltungs- und Erhaltungskosten bestritten, dann die Obligationen (mit $4\frac{1}{2}\%$) und die Stammaktien (mit 5%) verzinst. Von dem verbleibenden Reingewinn werden 10% dem Reservefonds überwiesen und der Rest zur Amortisation der Obligationen verwendet. Mit der Amortisation kommen die einzelnen Mieter in den Besitz der

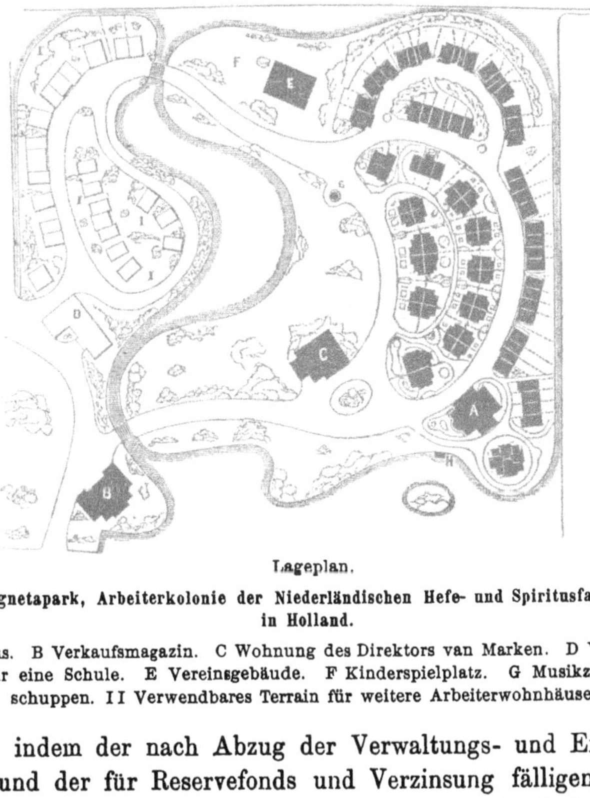

Lageplan.

Fig. 2. Agnetapark, Arbeiterkolonie der Niederländischen Hefe- und Spiritusfabrik in Delft in Holland.

A Kosthaus. B Verkaufsmagazin. C Wohnung des Direktors van Marken. D Verwendbares Terrain für eine Schule. E Vereinsgebäude. F Kinderspielplatz. G Musikzelt. H Bootschuppen. I I Verwendbares Terrain für weitere Arbeiterwohnhäuser.

Aktien, indem der nach Abzug der Verwaltungs- und Erhaltungskosten und der für Reservefonds und Verzinsung fälligen Summen verbleibende Gewinn den einzelnen Mietern nach Verhältnis der Miete gutgeschrieben wird. Das Geld bleibt in der gemeinsamen Kasse der Aktiengesellschaft, resp. wird zur Einlösung der Obligationen verwendet. Hat der einzelne Sparer auf solche Weise 100 fl. gut, so erhält er eine Aktie, die ihm nun 3% Zinsen trägt (Sparaktie). Die Aktien sind nur mit Einwilligung und durch Vermittelung des Vorstandes übertragbar. Nach Amortisation der Obligationen werden die Stammaktien und dann die zuerst begebenen Sparaktien wieder eingelöst. Die eingelösten Aktien werden natürlich in demselben Umfang, wie sie zur Einlösung kommen, von den Bewohnern des Agnetaparks wieder erworben. Der Gewinn des Konsumvereins dient in gleicher Weise zum Erwerb von Aktien. Die Berechnung ist so angestellt, dafs nach 39 Jahren die ganze Anlage freies Eigentum der Besitzer der Sparanteile ist. Die Wohnungen haben verschiedene Gröfse von Wohnzimmer und Küche bis zwei Zimmer, zwei Kammern und Küche. Sie kosten 1,50 bis 3 fl. wöchentlich und sind, nachdem das Unternehmen einige Jahre bestanden hat, alle vermietet; es wird bereits an den Bau weiterer Häuser gedacht. Das bemerkenswerte des hier zuerst durchgeführten Prinzips ist also, dafs die Arbeiter nicht zu Eigentümern, sondern zu Aktionären des gemeinsamen Eigentums gemacht sind. Zunächst ist dadurch dem Arbeiter die volle Freizügigkeit gewahrt. Wird der Arbeiter Besitzer eines Hauses, so wird er damit mehr oder weniger an die Fabrik, in deren Nähe das Haus liegt, gebunden. Der Arbeitgeber kann dies wenigstens zum Drücken der Löhne benutzen. Seiner Sparanteile kann sich der Arbeiter dagegen stets ohne besondere Verluste entäufsern, während mit dem Verkauf eines Hauses nur zu häufig Einbufsen verknüpft sind. Trotzdem bleibt bei dem van Marken'schen Prinzip die Kolonie ihrer ursprünglichen Bestimmung dauernd erhalten, weil eine Übertragung oder ein Verkauf von Sparanteilen prinzipiell nur an Angehörige der Fabrik gestattet wird. Es ist daher hier ein Prinzip gefunden, welches gewichtige Vorzüge vor ähnlichen Einrichtungen besitzt.

Aber dennoch kann eine Lösung der Arbeiterwohnungsfrage in dem Prinzip der Eigentumserwerbung der Häuser durch den Arbeiter nicht erblickt werden. Dafs der Arbeiter der gewöhnlichen Lohnklassen eine derartige Hauserwerbung gar nicht bestreiten kann, ergibt ohne weiteres ein näheres Eingehen auf die oben mitgeteilte Rentabilitätsrechnung der Berliner Baugenossenschaft. Derselben ist die Voraussetzung zu Grunde gelegt, dafs eine der beiden Wohnungen, welche das Haus enthält, vermietet wird. Das hat schon etwas sehr mifsliches, weil der Erwerber des Hauses damit ein Risiko übernimmt, das unter Umständen für ihn sehr verhängnisvoll werden kann. Nehmen wir sodann als mittlere Jahresleistung für den Hauserwerber die Zahlung von 220 ℳ an, nehmen die Kosten für die Beförderung nach dem Arbeitsort hinzu, und bedenken endlich, dafs in der Rechnung die Kosten für Anlage der Strafsen und ihre Beleuchtung, sowie der erhebliche Mehraufwand für die Heizung der kleinen freistehenden Häuser nicht mit enthalten sind, so kommen wir ebenfalls auf eine Höhe der Jahresmiete, von der wir eingangs nachgewiesen haben, dafs sie gegenüber dem durchschnittlichen Jahresverdienst des Arbeiters zu hoch ist.

Allerdings bleibt dem gegenüber der grofse Vorteil des räumlich wie gesundheitlich günstigeren Wohnens. Aber der Berliner Arbeiter schätzt denselben nicht gegenüber dem Vorzug, in der grofsen Stadt mit ihren Einkaufserleichterungen, mit Gas- und Wasserversorgung und mit ihrer Fülle von billigen Vergnügungen zu wohnen. Es kommt hinzu, dafs ein grofser Teil der Arbeiter thatsächlich in die unmittelbare Umgebung ihrer Arbeitsstätte festgebannt sind. Der vornehmste Grund dafür ist in vielen Fällen die Dauer und die Zeit des Beginns der Arbeit. Für viele, namentlich für die nicht professionellen Arbeiter — wir erinnern an die Dock- und Hafenarbeiter in den Seestädten — besteht die einzige Hoffnung auf Verdienst darin, dafs sie morgens in aller Frühe an den verschiedenen Arbeitsstätten warten, um engagiert zu werden. Andere, z. B. viele Arbeiter der Bekleidungsindustrie, sind entweder nicht regelmäfsig beschäftigt, sondern werden gerufen, wenn Arbeit vorhanden ist, oder aber sie nehmen die Arbeit mit in ihre Wohnungen und müssen leicht erreichbar sein, wenn z. B. ein Kunde kommt, um einen Rock anzupassen. In manchen Fällen müssen Frau und Kinder ebenfalls auf Arbeit ausgehen, und durch das Wohnen fern von der Arbeitsstätte würde der letzte Rest von Familienleben ganz zerstört und die Verpflegung der einzelnen Mitglieder, die ihre Mahlzeiten nicht zuhause halten könnten, viel teurer werden.

Trotz allem, was man gegen die Einpferchung grofser Menschenmengen in Mietskasernen einwenden mag, wird man also doch nicht umhin können, auf das Kasernensystem zurückzugreifen, und in der That ermöglicht auch nur dieses die Herstellung so kleiner und so billiger Wohnungen, wie sie die grofsstädtische Wohnungsnot in erster Linie erheischt. Es ist eine bezeichnende Erscheinung, dafs gerade in England, wo das Einzelhaus von jeher in ganz anderem Umfange, als in irgend einem anderen Lande, der vorherrschende Wohnungstypus gewesen ist, das Kasernensystem fast allein in Betracht kommt, wo es sich darum handelt, die Wohnungsnot unter den ärmeren Klassen zu bekämpfen.

Von den auf dem Prinzip der Selbsthilfe basierten Organisationen ist es die in jüngster Zeit entstandene Berliner Baugenossenschaft „Eigenes Heim", bei der das Bestreben mehr in den Vordergrund tritt, dem groſsstädtischen Wohnungsbedürfnis durch Errichtung von Mietshäusern in gröſserer Nähe der Stadt gerecht zu werden, während Organisation und der Teil der Bestrebungen derselben, welcher auf die Bereitstellung von Einzelwohnungen für die Genossen gerichtet ist, sich ziemlich mit den entsprechenden Einrichtungen der Berliner Baugenossenschaft decken. Das erste gröſsere Mietshaus der Genossenschaft, dessen Grundsteinlegung am 18. August vorigen Jahres erfolgt ist, ist in Rixdorf gelegen, ist einschlieſslich des Parterre fünf Etagen hoch und gewährt zwanzig Mietern Unterkunft. Jede Etage enthält vier Wohnungen, bestehend aus einer zweifensterigen Stube und Küche mit Korridor und Wirtschaftsgelaſs und kostet 150 ℳ. Jahresmiete. Dazu gehört die Mitbenutzung eines für das ganze Haus gemeinschaftlich angelegten Bodenraums. Jeder Genossenschafter, welcher auf seinen Geschäftsanteil mindestens 40 ℳ. eingezahlt hat und wenigstens ein halbes Jahr der Genossenschaft angehört, ist berechtigt, eine Wohnung zu mieten. Wenn mehr Mitglieder sich zum Mieten der Wohnungen melden, als zu vermietende Wohnungen vorhanden sind, entscheidet das Los. Die Wohnungen werden zu vorher festgesetzten Mietspreisen vermietet und dürfen einem und demselben Mieter in fünf zu fünf Jahren nicht gesteigert werden. Die Mieten sollen wöchentlich, monatlich oder vierteljährlich pränumerando gezahlt werden. Stundung der Miete darf der Vorstand nur mit Bewilligung des Aufsichtsrates gewähren. Der Bau einer Reihe weiterer Genossenschaftshäuser ist in Aussicht genommen.

3. Humanitäre Bestrebungen Privater.

Unter allen hierhergehörigen Veranstaltungen der Welt steht die berühmte Peabodystiftung obenan, eine Stiftung, die auf dem reinen Wohlthätigkeitsprinzip beruht, weil die durch das Vermieten von Wohnungen erreichte Verzinsung des Anlagekapitals nur zur Erweiterung des Unternehmens benutzt wird.

George Peabody[1]), von Geburt ein Amerikaner, welcher aber die längste Zeit seines Lebens in London zubrachte, übergab noch bei seinen Lebzeiten im Jahre 1862 eine Summe von 150000 Pfund Sterling an Vertrauensmänner (trustees) mit der Bestimmung, „damit die Lage der Armen und Bedürftigen in London zu verbessern und ihr Wohlsein und Glück zu fördern". Die Trustees beschlossen, mit dem Kapital billige und gesunde Wohnungen für die arbeitenden Klassen zu bauen und dieselben zu einer angemessenen Rente, welche eine Verzinsung des Kapitals von 3 bis 5 % sicherstellen würde, zu vermieten. Die Zinsen des Kapitals sollten wiederum dazu dienen, neue Arbeiterwohnungen herzurichten, so dafs die Stiftung fortdauernd an Ausdehnung gewinnt. Peabody billigte diesen Plan und wendete der neuen Stiftung im Jahre 1866 weitere 100000 £, und eine gleiche Summe nochmals im Jahre 1868 zu. Nach seinem Tode erhielt die Stiftung sodann aus seinem Nachlafs noch 150000 £; die Gesamthöhe des ursprünglichen Stiftungskapitals beträgt somit 500000 £ (10 Millionen Mark). Durch die auflaufenden Zinsen hatte sich dieses Grundkapital bis Ende 1884 bereits auf über 850000 £ vergröfsert, ferner hatten bis dahin die Trustees Anleihen in Höhe von fast 400000 £ aufgenommen. Mit diesem Kapital von rund 25 Millionen Mark sind in verschiedenen Stadtteilen Londons Gebäudekomplexe errichtet worden, in denen 1886 über 4500 Familien mit einer Kopfzahl von fast 23000 Personen untergebracht waren.

Die Gebäudekomplexe bestehen aus einer gröfseren Anzahl selbständiger, zumeist fünf bis sechsstöckiger Häuser, welche in einem Rechteck derartig zusammengebaut sind, dafs sich zwischen vier Gruppen (blocks) neben einander liegender Häuser ein grofser, meist asphaltierter Hof (square) befindet. Durchschnittlich nimmt dieser freibleibende Raum zwei Drittel des Terrains ein, so dafs nur ein Drittel bebaut ist. Die in den letzten Jahren errichteten Gebäude haben in sämtlichen Etagen nach dem Hof hinausgehende Balkons, bezw. Galerieen, welche über den ganzen Block hinlaufen. Das einzelne Haus enthält meistens in jeder Etage fünf bis sechs Wohnräume; dieselben werden an zwei, höchstens drei Parteien abgegeben.

---

[1]) Aschrott, Die Arbeiterwohnungsfrage in England. Schriften des Vereins für Sozialpolitik. — Ruprecht, die Wohnungen der arbeitenden Klassen in London. Göttingen, 1884.

Von den 4551 Familien, welche 1886 in den Peabody-Buildings wohnten, hatten 715 einen Raum, 2153 zwei Räume, 1609 drei Räume und 74 vier Räume inne. Die Gröſse der Räume schwankt zwischen 3,65 × 3,65 und 4,55 × 3,65 m bei einer Höhe von 2,75 m. In den Zimmern sind Wandschränke, Spülvorrichtungen und sonstige Bequemlichkeiten angebracht. Jede Wohnung hat besondere Wasserleitung, und in jeder ist ein Kochofen vorhanden. Besondere Küchen gibt es nicht. Auf jedem Flur befindet sich wenigstens ein Klosett. Jedes Haus hat einen besonderen Wasch- und Trockenraum, zuweilen besteht für den ganzen Block ein gröſseres Waschhaus, ferner hat jeder Block einige Badezimmer. Die Mieten betragen für einen Raum wöchentlich 2 bis 3,50 ℳ., für zwei Räume 3 bis 5,25 ℳ., für drei Räume 4 bis 7,25 ℳ., für vier Räume 7,25 bis 7,50 ℳ. Die Miete wird wöchentlich im voraus bezahlt und an bestimmten, für die einzelnen Gebäudekomplexe verschiedenen Tagen, von besonders angestellten „collectors" eingesammelt. In die Räume dürfen keine Aftermieter aufgenommen werden. Geburten, Todes- und Krankheitsfälle sind dem Superintendenten des betreffenden Gebäudekomplexes anzuzeigen. Im Falle ansteckender Krankheiten muſs die alsbaldige Fortschaffung des Kranken in ein Hospital erfolgen. In den Hausordnungen sind eingehende Bestimmungen über das Reinigen der Treppen, des Flurs u. s. w. gegeben.

Die private Zuwendung so erheblicher Mittel für einen humanitären Zweck ist etwas für englische Verhältnisse durchaus typisches und auch auf anderen Gebieten, z. B. im Krankenhauswesen, nicht gerade selten vorkommendes. Bei uns in Deutschland sind derartige Regungen nicht sehr allgemein vertreten, daſs sie aber auch hier, wenn auch in bescheidenerem Maſsstabe nicht fehlen, soll die Erwähnung einer Anlage darthun, zu der im Frühjahr 1889 der Grundstein gelegt wurde, und die ihre Entstehung der Hochherzigkeit des verstorbenen Geheimen Bergrats, Prof. Dr. Gerhard vom Rath in Bonn verdankt: die Arbeiteransiedelung „Wilhelmsruhe" bei Köln. In Erinnerung an seinen Vater, Joh. Pet. vom Rath, Mitinhaber der früheren groſsen Zuckerraffinerieen Gebrüder vom Rath in Köln, hat der Stifter bestimmt, daſs seine Stiftung in erster Linie den Arbeitern des Rheinischen Aktienvereins für Zuckerfabrikation in Köln, in welchem Institut das väterliche Geschäft aufgegangen ist, zu Gute kommen solle. Dafür hat der Rheinische Aktienverein für Zuckerfabrikation die Bauleitung und die spätere Verwaltung der Arbeiterkolonie, unter Mitwirkung der Gattin und der Brüder des Stifters, übernommen.

Das Legat hat die Höhe von 450000 ℳ, und nach den Anordnungen des Stifters sollen alle Einnahmen aus Mieten u. s. w. zur Ausdehnung der Kolonie oder zu anderen gemeinnützigen Zwecken für das Wohl der Arbeiter verwendet werden (reines Wohlthätigkeitsprinzip). Das zunächst zur Bebauung kommende Terrain liegt innerhalb der Weichbildgrenze Kölns, eine Viertelstunde vor dem Bonner Thor und umfaſst 14 Morgen; ein weiteres Terrain von sechs Morgen für die Ausdehnung der Kolonie ist gesichert. Das Terrain ist an die städtische Gas- und Wasserleitung, sowie an die Kanalisation angeschlossen. Die Anlage (Architekten Sardemann und Scherz

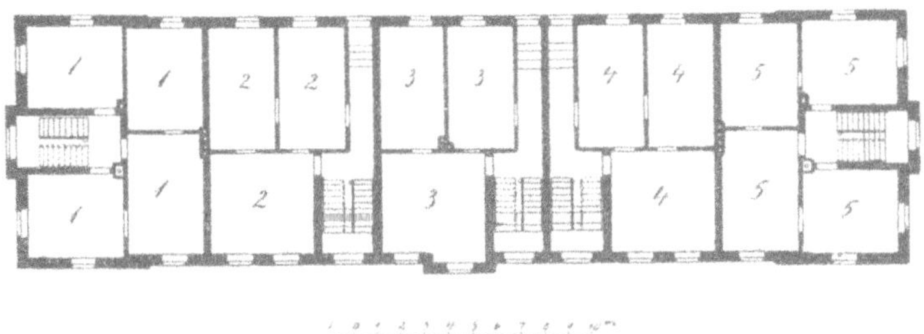

Grundriſs des Erdgeschosses.

Fig. 3. Wohnungsgruppe der Arbeiteransiedlung Wilhelmsruhe bei Köln.
Die mit gleichen Zahlen bezeichneten Räume bilden je eine Wohnung.

in Köln) ist auf etwa 80 Doppelwohnungen (Erdgeschoſs und erster Stock) in Gruppen von je fünf, bezw. zehn Häusern eingerichtet, welche in der Längsrichtung durch einen Abstand von 8 m getrennt sind. Vor den Häusern liegen Gärtchen in einer Tiefe von 11 m, und zwischen diesen gehen die gepflasterten Verkehrswege in einer Breite von 8 m hindurch, so daſs insgesamt die Entfernung von Haus zu Haus 30 m beträgt. Hinter jedem Hause befindet sich zunächst ein freier Hofraum von 7 m Länge und der Breite des zugehörigen Hauses, an welchen sich rückwärts ein kleines Stallgebäude mit den Aborten anschlieſst.

Der Grundriſs Fig. 3 gibt die Einteilung der Häusergruppen wieder. Während die Eckhäuser mit seitlichem Eingang zwei Wohnungen mit je vier Räumen — Wohnzimmer, zwei Schlafzimmer, Küche — enthalten, bestehen die Wohnungen der Mittelhäuser aus Küche und zwei Zimmern. Sämtliche Häuser sind ganz unterkellert und mit Bodenraum versehen. Die Höhe der 2,74 × 4,87 bis

4,20 $\times$ 4,40 m grofsen Wohnräume beträgt 3,50, bezw. 3,30 m. Die Häuser werden massiv in Backsteinen ausgeführt, die Fronten mit gelben Verblendziegeln, und Risalite und Fensterbogen aus roten Verblendziegeln; die Dächer sind mit roten Ziegeln gedeckt. Sobald

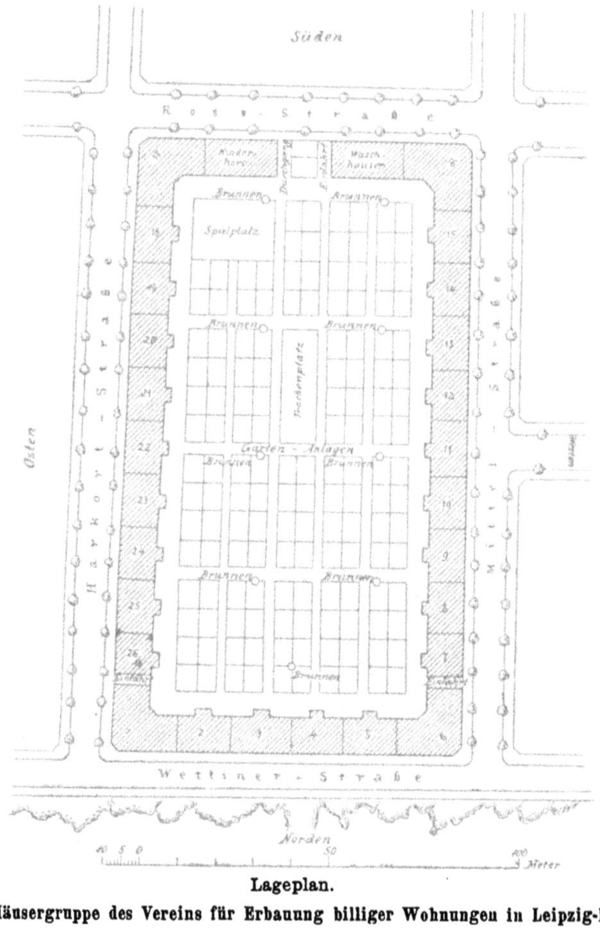

Lageplan.

Fig. 4. Häusergruppe des Vereins für Erbauung billiger Wohnungen in Leipzig-Lindenau.

die Kolonie, welche voraussichtlich in sechs Jahren ausgebaut sein wird, eine genügende Anzahl Wohngebäude besitzt, ist die Errichtung eines Verwaltungsgebäudes mit Konsumvereinsräumen, Badeanstalt, Versammlungssaal und Lesezimmer ins Auge gefafst, ferner eine Kleinkinderschule inmitten eines grofsen freien, mit Bäumen bepflanzten Platzes. Die Kosten eines Mittelhauses stellen sich dem Anschlage gemäfs ohne Grund und Boden auf 7000 ℳ., die eines

Eckhauses auf 9000 ℳ. Bei der Mietsberechnung gilt als leitender Grundsatz, dafs den Arbeitern für diejenige Summe, welche sie im Innern der Stadt für ihre aus zwei Räumen bestehende Wohnung bezahlen — in der Regel monatlich 15 ℳ. — eine annähernd doppelt so grofse Wohnung gewährt wird.

Hier müssen wir endlich noch eine bemerkenswerte Anlage anschliefsen, deren Stifter nicht eine einzelne Person, sondern ein Konsortium ist, an dessen Spitze der Leipziger Verlagsbuchhändler H. J. Meyer steht: der Verein für Erbauung billiger Wohnungen in Leipzig-Lindenau. Objekt des Unternehmens ist vorläufig die Erbauung von 26 Miethäusern, jedes von 10 bis 12 Wohnungen für kleine und kleinste Haushaltungen, innerhalb der Preisgrenzen von 40 bis 200 ℳ. Fig. 4 gibt den Lageplan der in diesem Umfange zu Ostern d. J. fertiggestellten Anlage (Architekt Max Pommer). Dieselbe umfafst aufser den Häusern mit den gröfseren Familienwohnungen verbundene Gärten, ferner Waschhäuser, Werkstätten, Kleinkinderschule mit Spielplatz, Knaben- und Mädchenhort, Konsumverein etc., deren Budgets in der nachstehenden Kalkulation nicht mit aufgenommen sind, da sie für sich bestehen. Dem Unternehmen liegt folgende Berechnung zu Grunde, deren Zahlen den bisherigen wirklichen Verwaltungsergebnissen entnommen sind.

Kapitalaufwand	Insgesamt ℳ.	Pro Haus ℳ.
Kosten des Bauareals (14,814 qm)	72482	2787
Baukosten der 6 Häuser an der Wettiner Strafse . .	174481	26103
„ „ 10 „ „ „ Mittelstrafse . . .	252100	
„ „ 10 „ „ „ Harkortstrafse . . .	252100	
Anlage der Gärten, Brunnen, Spielplätze etc.	8700	334
Gesamtaufwand (einschl. der Strafsenzüge, Bauzinsen etc).	759863	29226

Betriebsrechnung pro Jahr	Insgesamt ℳ.	Pro Haus ℳ.
Einnahmen:		
Mietertrag der 6 Häuser an der Wettiner Strafse . .	11794	
„ „ 10 „ „ „ Mittelstrafse . . .	16072	
„ „ 10 „ „ „ Harkortstrafse . . .	16072	
„ „ 140 Gärten à 7 ℳ. 80 ₰	1092	
Summa der Einnahmen	45030	1732

Betriebsrechnung pro Jahr	Insgesamt ℳ	Pro Haus ℳ
Ausgaben:		
Kapitalzinsen: $3^1/_2$ % von 759863 ℳ	26595	1023
Amortisation der Baukosten: 1% von 687381 ℳ . . .	6874	264
Reparaturkosten $^1/_2$ % von 687381 ℳ	3436	132
Steuern und Feuerversicherung, 6% der Einnahme . .	2702	104
Inkasso der Mieten und Geldverwaltung	1950	75
Gehalt des Verwalters und Lohn des Hausmanns . . .	2436	94
Unvorhergesehene Ausgaben und Ausfälle	1087	40
Ausgaben mit den Einnahmen balanciert:	45030	1732

Im vorliegenden Falle wird nun zu Gunsten der Weiterentwickelung des Unternehmens auf Kapitalverzinsung überhaupt verzichtet, und demnach vom Zeitpunkt der Vollendung an die Rechnung sich stellen, wie folgt:

Jahreseinnahme, wie oben berechnet	45030 ℳ
Ausgaben für Amortisation und Reparaturen	10330 „
Verwaltungskosten (ca. 15 % der Einnahme)	6754 „
Unvorhergesehene Ausfälle	1087 „
	18171 ℳ
Bleibt pro Jahr ein Einnahmeüberschufs von . . .	26859 ℳ

zur Verfügung behufs Fortsetzung der Bauten.

Da ein Haus nach dem Typus der Lindenauer Anlage, wie oben berechnet, auf rund 30000 ℳ zu stehen kommt, könnte schon im darauffolgenden Jahr mit Beihilfe der innerhalb dieses Jahres hinzukommenden Mieteingänge ein Neubau fertiggestellt und im nächsten Jahre bezogen werden.

Das Budget dieses ersten Jahres würde folgendes sein:

Einnahme aus dem vorhergehenden Jahr	26859 ℳ
„ während des laufenden Jahres	26859 „
	53718 ℳ
Ausgabe für den ersten Neubau (das siebenundzwanzigste Haus)	30000 „
Bleiben für das folgende Jahr zur Verfügung . . .	23718 ℳ

Die einfache Wiederholung dieser Rechnung von Jahr zu Jahr ergibt unter Zurechnung des Mietsertrags jedes Neubaues schon am Schlufs des dritten Jahres einen Überschufs, der den Kosten eines

Neubaues gleichkommt. Nach dem zehnten Jahr wird nach dem gleichen Budget die Zahl der Häuser sich auf 35 (ein Neubau in jedem Jahr) vermehrt haben, demgemäfs aber auch der Jahresertrag den Aufwand für einen Neubau so weit überstiegen haben, dafs vom elften Jahr an abwechselnd in einem Jahr ein, im andern zwei Neubaue hinzukommen. Das zwanzigste Jahr wird mit einem Bestand von ca. 60000 *M.* barem Geld und 50 Häusern abschliefsen. Da diese über 50000 *M.* Jahresmiete einbringen, werden von diesem Zeitpunkte an jährlich zwei, später drei Neubauten hinzukommen, und die Einnahmen in so beschleunigtem Mafs wachsen, dafs das dreifsigste Jahr einen Bestand von einigen 70 Häusern, in welchen ca. 3000 Menschen wohnen, aufzuweisen haben mufs, etc.[1]).

In Fig. 5 ist der Grundrifs eines Teils der Häuseranlage wiedergegeben. Wie ersichtlich, enthalten die Häuser Wohnungen von 1 bis 4 Räumen. Jede

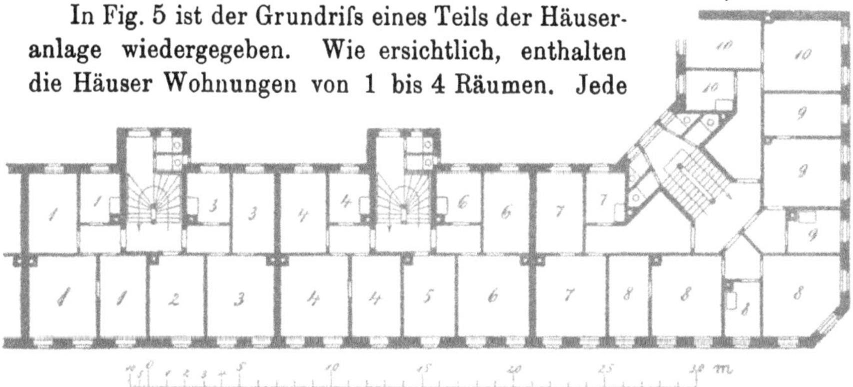

Grundrifs des Obergeschosses der Häuser 4, 5 und 6 der Wettiner Strafse.

Fig. 5. Häusergruppe des Vereins für Erbauung billiger Wohnungen in Leipzig-Lindenau.
Die mit gleichen Zahlen bezeichneten Räume bilden je eine Wohnung.

Familienwohnung hat einen verschliefsbaren Flur, so dafs nie zwei Familien gemeinschaftliche Wohnungsflure benutzen. Aufserdem bietet die Grundrifsanordnung die Möglichkeit, dem Bedürfnis entsprechend, eine Verkleinerung oder Vergröfserung der Wohnungen vorzunehmen. Ein eingebautes Haus hat 143 qm bebaute Grundfläche und enthält Kellergeschofs, Erdgeschofs, drei Obergeschosse und Dachboden. Im Kellergeschofs liegt jedesmal die von aufsen zugängliche Waschküche, im Erdgeschofs neben dem Eingange befinden sich zwei Familienwohnungen, während in den Obergeschossen aufser letzteren noch je ein Einzelzimmer vorhanden ist. Die Eck-

[1]) Mitteilungen des Herrn H. J. Meyer, Leipzig, Druck des Bibliographischen Instituts, denen auch die Abbildungen Fig. 4 und 5 entnommen sind.

häuser von 250 qm Grundfläche besitzen im Erdgeschofs einen Laden und drei Wohnungen, in jedem Obergeschofs vier Wohnungen. Die lichte Höhe der Wohnungen beträgt 2,90 m. Die Zimmer haben Thonöfen mit eisernen Kochkästen, die Küchen Kochmaschinen und Wasserausgufs. Für die Einzelzimmer befinden sich Ausgüsse auf den Treppenabsätzen. Die Wasserversorgung erfolgt durch einen vor jedem Hause angebrachten, sich selbst entleerenden Ständer. Die an den Treppenhäusern gelegenen Aborte haben 23 cm weite Thonabfallröhren, die in gemauerte Gruben münden, deren Entlüftung durch gewöhnliche Rohre bewirkt wird.

Der jährliche Mietzins einer Wohnung, bestehend aus einer zwei- und einer einfensterigen Stube mit Küche beträgt:

im Erdgeschofs	I. Stock	II. Stock	III. Stock
150 ℳ	160 ℳ	145 ℳ	130 ℳ

ferner einer Wohnung, bestehend aus einer zwei- und zwei einfensterigen Stuben mit Küche:

im Erdgeschofs	I. Stock	II. Stock	III. Stock
200 ℳ	200 ℳ	180 ℳ	155 ℳ

Der Preis einer einfensterigen Stube beträgt 60, bezw. 50 und 40 ℳ für das Jahr. Für einen Garten sind wöchentlich 15 ₰ zu entrichten. Die Preise der Wohnungen stellen sich 15 % billiger als die ortsüblichen. Die Baukosten eines eingebauten Hauses betragen 174,50 ℳ, die eines Eckhauses 162 ℳ für 1 qm bebauter Fläche[1]).

Die Organisation aller dieser Stiftungen gibt für die Dauer die Gewähr, dafs die aus ihren Mitteln erbauten Wohnungen ihrem ursprünglichen Zweck erhalten bleiben, und durch die Aufsammlung neuen Kapitals aus den Mietserträgen wird daneben die allmähliche Erweiterung der Anlage ermöglicht. Handelt es sich dabei um so bedeutende Mittel, wie sie Peabody zur Verfügung gestellt hat, handelt es sich dabei ferner um so günstige Grunderwerbsverhältnisse, wie sie in London durch die geschilderten Pachtverhältnisse bedingt werden, so kann auf diesem Wege selbst einem so grofsen Bedürfnis, wie es in London vorliegt, gegenüber, recht erhebliches geleistet werden.

[1]) S. auch Max Pommer. Ctrlbl. d. Bauverwaltung 1890 No. 19.

4. Gemeinnützige Bauunternehmungen mit beschränkter Kapitalverzinsung.

Die augenfälligen Erfolge, welche das Peabodyunternehmen ergab, die Thatsache, dafs dem Andrange von Mietern, die der Vorteile der ausgezeichnet eingerichteten und dem entsprechend billigen Wohnungen teilhaftig zu werden wünschten, durch Neubauten in keiner Weise Genüge gethan werden konnte, der Umstand endlich, dafs der Mietsertrag aus den Peabodyhäusern eine verhältnismäfsig hohe Kapitalverzinsung ergab — führte in London bald zur Bildung einer ganzen Reihe anderer Gesellschaften, welche im wesentlichen in derselben Weise wie die Peabodystiftung der Lösung der Arbeiterwohnungsfrage nähergetreten sind. Sie sind allerdings nicht reine Wohlthätigkeitsanstalten, sondern suchen vielmehr bei ihren Unternehmungen eine gute Verzinsung des Kapitals zu erzielen. Allein ihr gemeinnütziger Charakter besteht zunächst darin, dafs sie im Interesse der arbeitenden Klasse gegründet sind und freiwilligerweise dem zu erstrebenden Gewinn durch die Bestimmung eine Grenze ziehen, dafs derjenige Betrag der Einnahmen, welcher über eine Verzinsung des Kapitals von 5, oder bei manchen Gesellschaften von 4 % hinaus gemacht wird, nicht zur Auszahlung gelangt, sondern zum Bauen neuer Häuser oder für Spezialfonds verwendet werden soll. Aufserdem haben die Gesellschaften stets eine ganze Anzahl von Beamten, welche im Interesse der Sache ihre Dienste der Gesellschaft ohne eine Besoldung widmen.

Die Bauten, welche von allen diesen Gesellschaften aufgeführt werden, sind vorzüglich eingerichtet. Besonders hat sich für englische Verhältnisse das sogenannte „external staircase-system“ ausgezeichnet bewährt.

In den nach diesem System erbauten Häusern liegen die Treppen nicht im Innern des Hauses, sondern laufen von aufsen her und münden auf die vorspringenden Galerieen, welche sich vor den einzelnen Etagen befinden. Dies hat den Vorzug, dafs eine grofse Abgeschlossenheit der einzelnen Wohnungen erreicht wird. Die Bewohner der einzelnen Etagen treffen mit denen der anderen höchstens auf der Treppe zusammen, welche schon durch ihre geringe Breite ein Stehenbleiben unzulässig macht, und aufserdem, weil offen liegend, vom Hofe aus leicht kontrolliert werden kann. Es hat sich herausgestellt, dafs die Unternehmungen fast durchweg sich gut rentieren.

Das in denselben angelegte Kapital liefert überall eine fünfprozentige Verzinsung. Infolgedessen haben in London auch bereits Bauunternehmer vom rein spekulativen Standpunkte aus die Errichtung solcher Blocks unternommen. Die von ihnen fertiggestellten Gebäude gehen dann später vielfach in den Besitz von Baugesellschaften über, so dafs eine Art Teilung der Arbeit zwischen den Bauunternehmern und den Gesellschaften eintritt, welche letztere ihre Thätigkeit mehr auf die Verwaltung von Häusern beschränken. Man nimmt an, dafs in London jetzt bereits für mehr als 30000 Familien mit über 150000 Mitgliedern auf diese Weise für bessere Wohnungen gesorgt ist.

Wenn Peabody seine Stiftung ausdrücklich zum Besten der „Bedürftigen und Armen“ bestimmt hat, so hat auch sie das Ziel nicht erreicht, welches sie sich gesteckt hatte, so viel Gutes sie auch gewirkt hat, und das gleiche gilt von den übrigen Londoner Gesellschaften. Der Andrang zu den Wohnungen derselben ist, wie schon gesagt, ein geradezu enormer. Ein Leerstehen derselben kommt überhaupt nicht vor, vielmehr hat der „Superintendent“ immer eine lange Liste von Bewerbern um die nächste freistehende Wohnung. Diese Thatsache bringt es natürlich mit sich, dafs man bei der Aufnahme neuer Mieter sehr wählerisch ist, und dafs die Bewohner der betreffenden Häuser durchweg der besten Klasse der Arbeiter angehören. Keine dieser Gesellschaften hat bisher in ausgedehntem Mafse Wohnungen für die ärmsten Schichten der Bevölkerung beschafft. Die Lösung dieses Problems ist nur einer Persönlichkeit und denen, die ihrer Anleitung gefolgt sind, gelungen. Diese Persönlichkeit ist eine Frau, Mifs Octavia Hill [1]), eine Londoner Lehrerin, die in Latein und Malerei unterrichtet und nicht über eigene Geldmittel verfügt. Sie arbeitet mit einem Kapital, das zum gröfsten Teil geliehen ist. Ihr Werk begann sie im Jahre 1864 mit dem Ankauf einiger kleiner Häuser. Heute beträgt das Kapital, das ihr zur Verfügung steht, bezw. in Häusern angelegt ist, weit über eine Million Mark. Sie hat eine ganze Reihe von alten und neuen Häusern und „blocks“ in den ärmsten Distrikten Londons unter ihrer Verwaltung, aus denen die Darleiher der Kapitalien, mit denen sie arbeitet, eine gute Verzinsung von 4 bis 5 % ziehen.

Das Wirken dieser eigenartigen Persönlichkeit fufst allerdings zunächst in ganz spezifisch englischen Verhältnissen, die mit den

[1]) Octavia Hill, Homes of the London Poor. London 1883. — Ruprecht a. a. O.

bei uns bestehenden gar nicht zu vergleichen sind. Wenn nämlich einerseits die oben ausführlich geschilderten Pachtverhältnisse ganz wesentlich dazu beigetragen haben, die Wohnungsnot unter den ärmeren Klassen Londons zu einer so hochgradigen zu machen, so boten sie andererseits Octavia Hill den Angriffspunkt für den Versuch, eine Besserung des traurigen Zustandes herbeizuführen. Es war ein leichtes, zu billigem Preise Pachtreste zu erwerben, deren Ablauf bevorstand, und nun ging die allmähliche Instandsetzung der verfallenen und in Schmutz verkommenen Häuser und die Erziehung der zumeist unendlich rohen und verwahrlosten Bewohner bei Octavia Hill's System Hand in Hand. Nur denen, welche fortfahren, ein unsittliches Gewerbe zu treiben oder gar nicht zu bessern sind, wird gekündigt. Mufs ein Haus abgerissen werden, so bietet Octavia Hill ihren Mietern in der Regel Wohnungen in ihren anderen Häusern an. Sobald sie die Verwaltung eines Hauses übernimmt, werden nur die allernotwendigsten Verbesserungen getroffen, alles weitere aber wird ganz allmählich in dem Mafse ausgeführt, wie die Mieter sich geeignet zeigen, die Verbesserungen zu würdigen und im Stande zu erhalten. Für jedes Haus wird jährlich eine bestimmte Summe für Reparaturen festgesetzt. Wird die Summe nicht verbraucht, so wird der Rest zu Verbesserungen nach den Wünschen der Mieter verwandt. Dieses Verfahren hat ausgezeichnete Erfolge gehabt. Die Mieter, welche meist unsäglich roh waren und oft alles zerschlugen, suchten von selbst die Kosten für notwendige Reparaturen zu verringern, um am Ende des Jahres diesen oder jenen ihrer Wünsche erfüllt zu bekommen.

Einer der obersten Grundsätze in dem System der Octavia Hill ist die äufserste Strenge im Bestehen auf pünktlicher Zahlung der Miete. Sie gestattet nie einen gröfseren Rückstand als den Betrag einer Woche, während andere Hauswirte zuweilen Rückstände im Betrage der Mietssumme von Monaten haben, die häufig ganz verloren werden. Der Wirt ist dann gezwungen, sich durch höhere Mieten gegen solche Verluste zu sichern, und die prompten Zahler müssen für die faulen Schuldner büfsen. Der niedrigste Mietpreis in Octavia Hill's Häusern beträgt daher nur 1,25 bis 2,75 ℳ für eine einräumige Wohnung, während der übliche Mindestbetrag für meist bedeutend schlechtere Wohnungen 2,50 bis 3 ℳ ist. Die blofse Drohung mit der Kündigung oder diese selbst führt fast in allen Fällen zur Zahlung des Zinses, worauf dann dem Mieter gestattet wird, wohnen zu bleiben. Im Fall wirklicher Notlage der Bewohner durch Arbeitslosigkeit sucht Octavia Hill denselben Arbeit zu verschaffen, indem sie einfache Reparaturen, Aufräumungs- und Reinigungsarbeiten mit Rücksicht auf solche Fälle verschiebt. Um die Mieter zu veranlassen, mehrere Räume zu mieten, wenn ihr Verdienst es irgend erlaubt, wird für einen zweiten, dritten Raum eine erheblich niedrigere Miete erhoben, als für ein einzelnes Zimmer.

Durch die strenge Befolgung dieser Grundsätze ist es Octavia Hill gelungen, trotzdem ihre Mieter der ärmsten Klasse angehören, welche nur geringe Mieten zahlen können, und von denen andere Hauswirte überhaupt die regelmäfsige Zahlung der Miete nicht erreichen zu können behaupten, eine gute Verzinsung ihrer sämtlichen Häuser zu erlangen. Sie hat darüber hinaus das viel schwerere Problem gelöst, aus den rohesten, verkommensten Menschen Mieter zu erziehen, die einen gewissen, wenn auch noch so geringen Komfort ihrer Wohnstätte zu schätzen wissen und durch Reinlichkeit und Schonung der vorhandenen Einrichtungen zu erhalten suchen. In ihrer Wirtin sehen sie die beratende, tröstende, helfende und erziehende Freundin. Von ihr lassen sie sich leiten zum Sparen, zur Nüchternheit, zu einer anständigen Lebenshaltung. Octavia Hill hat im Laufe der Zeit einen ganzen Stab von Helferinnen, jungen und älteren, verheirateten und unverheirateten Damen herangezogen, die ihr zur Seite stehen. Die Thätigkeit der letzteren hat sich nach und nach dahin erweitert, dafs sie für Gesellschaften oder Private, die Eigentümer grofser, von den niederen Klassen bewohnter Häuserkomplexe sind, die Verwaltung der Häuser übernehmen, so ein weitverbreitetes Übel, die Mittelspersonen, verdrängen und die Kosten der Verwaltung zu Gunsten der Mietpreise verringern.

Es ist leicht ersichtlich, dafs die Bestrebungen Octavia Hills nicht ohne weiteres auf unsere deutschen Verhältnisse übertragen werden können, viele von ihren Grundsätzen sind aber auch bei uns durchführbar, so würde u. a. namentlich eine gröfsere Verallgemeinerung des Prinzips der wöchentlichen Mietszahlung auch bei uns von segensreichsten Folgen sein. Gleichviel, in welchem Verhältnis die Wohnungsausgabe zur Einnahme des Mieters steht, diesem wird es nie einfallen, Woche für Woche — in welchen Terminen der Lohnarbeiter seinen Verdienst zu empfangen pflegt — den auf diese Zeit entfallenden Mietszins zurückzulegen, um ihn am fernliegenden Zahlungstermin in Bereitschaft zu haben. Ist der Termin dann da, so kostet es jedesmal besondere Anstregung und Entbehrung, die angesammelte Mietschuld zu tilgen, und wie oft gelingt es trotzdem nicht! Dieser regelmäfsig wiederkehrenden Verlegenheit wird der Mieter durch die Nötigung enthoben, von seinem jedesmaligen Wochenverdienst sofort den für dieselbe Woche entfallenden Mietzins zu erlegen. Es ist aber kaum zu erwarten, dafs die privaten Hausbesitzer sich je in allgemeinerem Umfange dazu verstehen werden, sich der grofsen Last zu unterziehen, allwöchentlich von so und so viel Parteien den Mietzins einzukassieren. Diesem entschieden vorhandenen Bedürfnisse haben Einrichtungen erfolgreich abzuhelfen versucht, wie die u. a. in Neuchâtel, Genf, Zürich, Basel ins Leben gerufenen Mietzinssparkassen, die als Vorbild für eine ähnliche, durch das eifrige Betreiben von Geh. Rat Böhmert in Dresden ins Werk gesetzte Einrichtung gedient haben. Die seit 1880 bestehende Kasse wird durch einen Ausschufs des Vereins gegen Armennot und Bettelei geleitet; ein Beamter des Vereins ist unter zeitweiser Beihilfe des Bureauvorstehers ausschliefslich für dieselbe thätig, eine grofse Zahl von Helfern und Helferinnen nehmen die Beiträge der Sparer entgegen. Teilnahmeberechtigt sind alle Personen, die nicht mehr als 240 ℳ. Mietzins im Jahre bezahlen; beträgt derselbe mehr als 200 ℳ., so ist die Beteiligung nur unter der Voraussetzung gestattet, dafs der Sparer für mehr als drei Kinder zu sorgen hat. Ursprünglich gewährte der Verein den Sparenden 10%, später 6%, seit 1880 nur noch 4% der Mietbeträge als Prämie. Die Herabsetzung ist erfolgt, teils weil die Gefahr nahe lag, dafs manche nur aus Gewinnsucht sparten, teils weil der Verein bei zunehmender Zahl der Beteiligten die hohen Prämien nicht mehr aufbringen konnte. Die einlaufenden Gelder werden nach Möglichkeit zinstragend angelegt. Am Schlusse des Jahres 1888 betrug die Zahl der Sparer 1001, am 31. Dezember 1889 1009, sie hat also trotz der Herabsetzung der Prämie auf 4% nicht abgenommen. Insgesamt wurden im Jahre 1889 162374 ℳ. gespart und 6026,10 ℳ. als Prämien gezahlt. Die Gewährung einer Prämie für das Sparen, um damit einen Antrieb für die Beteiligung zu geben, bedeutet die Mitwirkung der Wohlthätigkeit, denn die Prämie übersteigt den Betrag der aus den Spareinlagen zu erzielenden Zinsen. Eine Einrichtung derartiger Kassen ohne Konkurrenz des Wohlthätigkeitsprinzips ist noch nicht erprobt.

Von Nachahmungen des Systems von Octavia Hill in Deutschland ist neben einem ersten kleineren Unternehmen in Darmstadt hier vor allem des Versuchs von G. de Liagre in Leipzig zu gedenken. Derselbe kaufte im Jahre 1882 ein grofses Hausgrundstück, Sebastian Bachstrafse 35, das 60 teils ein-, teils zweifenstrige Zimmer enthielt. Das Kapital zum Ankauf liehen einige Freunde, acht Herren und drei Damen, je 5000 ℳ, gegen eine vierprozentige Verzinsung. Das Grundstück kostete 132000 ℳ, wovon 62000 ℳ angezahlt wurden. Für den Rest blieb auf dem Hause eine vierprozentige Hypothek. Die Mietpreise wurden auf wöchentlich 1 ℳ für ein einfenstriges, 2 ℳ für ein zweifenstriges Zimmer festgesetzt; für ein- und zweifenstrige Stube werden 2,50 ℳ bezahlt. Gröfsere Wohnungen, als solche von zwei Räumen, werden nicht abgegeben. Jede Wohnung enthält einen Heizofen, in dem gleichzeitig gekocht werden kann. Im übrigen lehnt sich die Verwaltung eng an das System Octavia Hill's an, und dasselbe hat sich auch hier von den segensreichsten Folgen gezeigt. Drei Jahre später wurde im Verein mit zehn anderen Herren und Damen ein zweites Grundstück, Sebastian Bachstrafse 37, angekauft, dieses um 8000 ℳ teurer. Trotzdem verzinst sich dasselbe, bei den gleichen Verwaltungsgrundsätzen vollauf zu 4 %. Obgleich die seitherigen baulichen Veränderungen aus den Mieteingängen gedeckt werden, wird noch ein Überschufs erzielt, und in No. 35 ist der finanzielle Erfolg ein geradezu glänzender. Es konnten 2000 ℳ vom Kapital abgezahlt werden, ferner wurde im Hinterhause eine Waschküche für 1000 ℳ erbaut, und nach fünfjährigem Wirtschaften waren 3500 ℳ Überschufs erzielt, obgleich inzwischen noch eine teilweise Herabsetzung der Mietpreise vorgenommen worden [1]).

Die Verwaltungsgrundsätze, wie sie Herr de Liagre in Leipzig eingeführt hat, sind auch bei der oben beschriebenen Lindenauer Anlage die mafsgebenden geworden, ferner, wie wir einer brieflichen Notiz des Herrn de Liagre entnehmen, bei der Verwaltung einer Häusergruppe, die Prof. Hasse 1889 in Gohlis bei Leipzig gebaut hat, u. a. Eng daran an schliefst sich, was das Verwaltungsprinzip anlangt, auch eine Schöpfung des Johannesvereins in Dresden, Sebnitzerstrafse 27, 29 und 31, die aber auch darum hier erwähnt

---

[1]) Vortrag des Herrn G. de Liagre am 4. Mai 1888 im Johannesverein in Dresden. Leipzig, Bibliographisches Institut.

werden mufs, weil die neuerbauten Häuser (Architekt H. A. Richter) in ihrer Grundrifsanordnung manches Bemerkenswerte darbieten. Dieselbe lehnt sich an die der Häuser des gemeinnützigen Bauvereins in Dresden an, von dem gleich die Rede sein wird. Das Grundstück hat eine Gröfse von 3340 qm und wurde zum Preise von 44200 ℳ. erstanden, so dafs 1 qm Grundfläche sich auf etwas über 13 ℳ. berechnet. Der ganze Bau besteht, wie aus Fig. 6 ersichtlich, aus drei, mit Eingängen bezw. Durchfahrt versehenen

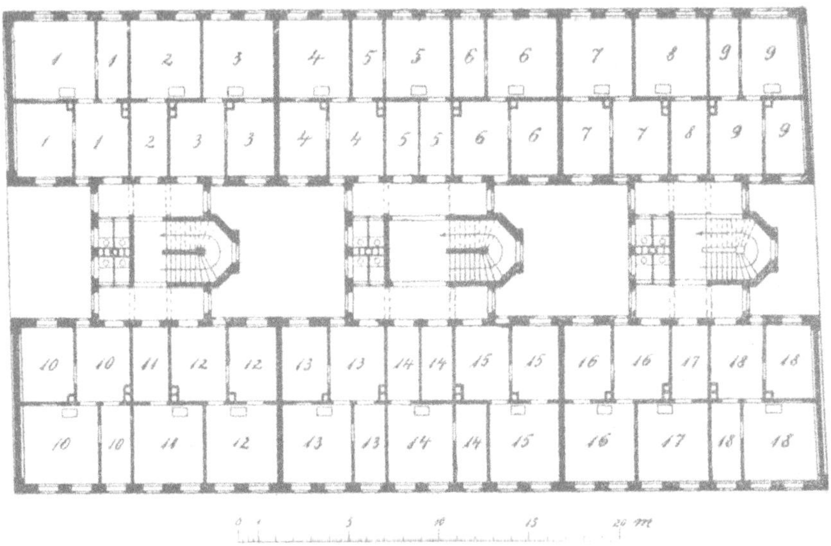

Grundrifs des Obergeschosses.

Fig. 6. **Häusergruppe des Johannesvereins in Dresden.**

Die mit gleichen Zahlen bezeichneten Räume bilden je eine Wohnung.

Häusern. Als die wesentliche Eigentümlichkeit der Grundrifsanlage tritt die Vermeidung eines Mittelkorridors und die Vereinigung der Vorplätze, Aborte und Treppen in einem aus der Hauptfront vortretenden, beiderseits beleuchteten und lüftbaren Ausbau in die Augen. Bei dem Vorderhause liegen diese Ausbauten zwischen den nach der Strafsenseite und nach der Gartenseite gerichteten Wohnungsflügeln; der Grundrifs des Hinterhauses zeigt die Anwendung des Systems in etwas modifizierter Anordnung. Eine breite Durchfahrt im Mittelbau, sowie schmälere Gänge in der Achse der Seitenhäuser stellen die Verbindung von der Strafse nach dem geräumigen mit Gartenanlagen und Rasenflächen versehenen, als Spielplatz der

Kinder dienenden Hofe dar. Im Erdgeschofs des Mittelhauses liegen an der Strafse zwei Verkaufsläden. Im übrigen ist das Haus derart in Wohnungen eingeteilt, dafs von jedem Treppenvorplatz nur drei derselben, und zwar je eine gröfsere, eine mittlere und eine kleine Wohnung zugänglich sind. Die gröfseren Wohnungen besitzen eine Grundfläche von ca. 45 qm und bestehen aus vier Räumen, einem zugleich als Küche dienenden Vorraum, einem zweifenstrigen und zwei einfenstrigen Zimmern; die mittleren, 36 bis 38 qm Grundfläche umfassenden Wohnungen haben ein einfenstriges Zimmer weniger, die kleinen Wohnungen enthalten bei 23,8 qm Grundfläche je einen mittelbar beleuchteten Vorraum und ein zweifenstriges Zimmer. Zu jeder Wohnung gehört ein kleines Kellergelafs, während die im Kellergeschofs des hinteren Flügels angeordneten grofsen Waschräume und Remisen in gemeinschaftlicher Benutzung stehen. Im ganzen enthält das Vorderhaus 82, das Hinterhaus 42 Wohnungen, deren jede für sich abgeschlossen ist, so dafs die Berührung mit den Inhabern der Nachbarwohnung auf ein möglichst geringes Mafs beschränkt ist.

Die innere Einrichtung der Wohnungen ist eine durchaus sanitären Anforderungen entsprechende. Die Höhe der Geschofse beträgt 2,97 bis 3,30 m. Die Kachelöfen sämtlicher Zimmer enthalten Koch- und Wärmröhren, die Küchen Kochmaschine, Wasserzuflufs- und Ausgufsbecken.

Die Kosten der Bauausführung, einschliefslich der Grunderwerbskosten, Verzinsung des Baukapitals während der Bauzeit, der Strafsenherstellung etc. betragen rund 270 000 ℳ. Die Mieten bewegen sich zwischen 65 und 247 ℳ pro Jahr und betragen durchschnittlich 4,30 ℳ für 1 qm Bodenfläche; sie halten sich unter der ortsüblichen Höhe. Die Gesamtmiete beträgt 15 000 ℳ, so dafs eine über fünfprozentige Verzinsung des Anlagekapitals resultiert, wovon jedoch nur 3 ½ % an die Darleiher der Herstellungssumme zur Auszahlung gelangen, der Rest für Unterhaltung der Gebäude, zu Steuern und Abgaben, sowie zur Schaffung eines Erneuerungsfonds verwandt werden.

Der erwähnte Dresdener gemeinnützige Bauverein[1]) hat in der Friedrichsstadt zwei grofse Grundstücke bebaut (Architekt

[1]) A. H. Förster, Der Gemeinnützige Bauverein zu Dresden. Arbeiterfreund XXIX, 1. Heft 1891.

Hermann Melzer), auf dem 120 Einzelwohnungen von zwei bis drei Räumen mit Küche etc. Platz gefunden haben. Der Verein hat die Organisation einer Aktiengesellschaft, von dem Reingewinn erhalten die Aktionäre höchstens 4½ % als Dividende, der Rest fällt dem Reservefonds zu, der nur zu den gemeinnützigen Zwecken der Gesellschaft, namentlich zum Bau neuer Häuser und zu Anlagen, welche die Vereinshäuser verbessern, verwendet werden darf. Das erste Grundstück mit 60 Wohnungen ist 1888, das zweite 1890 bezogen, und bei einem Mietpreise von 4,30 ℳ pro Quadratmeter. Wohnungsfläche hat sich das Unternehmen, dessen Aktionäre zum grofsen Teil kleine Leute sind, die durch den Ankauf einer Aktie von 200 ℳ das Vorrecht bei der Vermietung der Wohnungen erhalten, durchaus rentabel erwiesen. (Vergleiche Anlage 6.)

Während so an einer Reihe von anderen Orten — wir müssen darauf verzichten, auf die ähnlichen Bestrebungen in Frankfurt a. M., Hannover, Braunschweig, Bremen etc. hier einzugehen — auf diesem Gebiete manches geschehen ist, was der Beachtung wert erscheint, ist gerade Berlin, wo doch vor allem die Wohnungsnot schon lange sich empfindlich bemerkbar macht, in dieser Richtung auffallend zurückgeblieben. Die Berliner gemeinnützige Baugesellschaft hat während der langen Zeit ihres Bestehens — sie wurde schon 1847 gegründet —, keine Erfolge gezeitigt, die als irgendwie durchgreifende bezeichnet werden könnten. Sie hat eine Anzahl von Miethäusern im Innern der Stadt gebaut, von denen die älteren über das Bedürfnis der Arbeiter geräumig angelegt sind. Die Wohnungen, die sie und die mit ihr verbundene Alexandrastiftung bereitgestellt haben, zählen erst nach wenigen hunderten.

Sodann hat sich der Zentralverein für das Wohl der arbeitenden Klassen wiederholt mit der Frage der Arbeiterwohnungen beschäftigt, und aus seiner Anregung ist neuerdings der Verein zur Verbesserung der kleinen Wohnungen hervorgegangen, der auch praktisch an die Lösung der Arbeiterwohnungsfrage herangetreten ist. Zunächst wurde, wie wir einem Bericht von Reg.-Baumeister Messel[1]) entnehmen, in Anlehnung an englische Vorbilder der Versuch gemacht, ältere, unzweckmäfsig gebaute Häuser anzukaufen und umzubauen. Der Versuch hat sich nicht als eine geschäftlich günstige Basis für Verbesserungsbestre-

[1]) Deutsche Bauzeitung 1891 Nr. 30.

bungen in gröfserem Mafsstabe herausgestellt, und zwar wegen der hohen Erwerbskosten der Häuser, die zu ihrem kapitalisierten Reinmietsertrage ohne Rücksicht auf Abschreibungen angekauft werden mufsten. Der Verein hat sodann seine Thätigkeit darauf gerichtet, den Plan für ein Musterarbeiterwohnhaus festzustellen, um durch die Erbauung eines solchen der Privatbauthätigkeit ein Beispiel hinzustellen, an welches sich dieselbe anlehnen könnte. Wir kommen auf diese Bestrebungen unter der nächsten Kapitelüberschrift noch eingehender zurück.

Es hat sich bei diesen interessanten Verhandlungen die auch von anderer Seite bestätigte Thatsache herausgestellt, dafs, unter Zugrundelegung eines Mietpreises von 220 ℳ. für Küche und Stube und von 140 ℳ. für eine einzelne Stube mit Kochofen, eine zweckmäfsige Ausnutzung der Baustellen und eine Verzinsung, wie sie die private Bauthätigkeit anstrebt, bei der in der heutigen Bebauungsordnung vorgesehenen Blockgröfse nicht möglich ist. Zur Erlangung grofser und heller Höfe sind Baustellen von einer Front und Tiefe wünschenswert[1]), welche die Bebauung mit einem Vorderhause und mit einem Seitenflügel gestatten, dagegen die Möglichkeit, ein Querhaus anzulegen, ausschliefsen. Die Baustellen dürfen also nicht zu tief, die Baublocks nicht zu grofs sein. Bei 15—17 m Front genügen 30—40 m Tiefe der Baustelle, mithin 60—80 m Tiefe des Baublocks. Werden dann die Höfe von vier Häusern zusammengelegt, so entsteht eine Bebauungsart, die für die Hofwohnungen Luft und Licht in ausgiebigem Mafse gewährt. Über 40 m Tiefe hinaus werden die Baustellen ungünstiger, weil sie die Anlage von Querhäusern gestatten, und bei noch gröfserer Tiefe ist eine Ausnutzung überhaupt nur noch durch die Errichtung von Quergebäuden möglich. Die heutige Berliner Bauordnung läfst die erwähnte Planbildung ohne weiteres zu, bestimmt aber die Höhe des Seitenflügels, auch wenn die Nachbarhöfe zusammengelegt sind, nur nach Mafsgabe der einzelnen Hofbreite gerade so, als ob die gegenüberliegende Grenze mit einer hohen Wand bebaut wäre. Bei dieser Sachlage fehlt dem Unternehmer der Ansporn, sich um die Zusammenlegung der Höfe zu seinem Nachbar zu bemühen. Würde aber die Höhe der Seitenflügel in Hinsicht auf den breiten

---

[1]) Bericht des Herrn Wieck in der Vereinigung Berliner Architekten. Deutsche Bauzeitung 1891 Nr. 30.

Luftraum der zusammengelegten Höfe reichlicher bemessen, so könnte eine gröfsere Zahl kleinerer Wohnungen hergestellt, die Baustelle also besser ausgenutzt, und damit der Mietpreis herabgesetzt werden. Es wäre dann nur nötig, die Zusammenlegung der Höfe durch eine, die anderweitige Bebauung der Grundstücke beschränkende Eintragung ins Grundbuch für die Dauer zu sichern.

Nachdem sich nun in jüngster Zeit auch die Staatsregierung vielfach mit der Frage der Verbesserung der Wohnungsverhältnisse in Berlin beschäftigt und das vom Verein zur Verbesserung der kleinen Wohnungen (s. w. u.) aufgestellte Projekt eines Muster-Arbeitermietshauses zur Ausführung empfohlen hat, hat sich der genannte Verein dem Minister für Handel, Gewerbe und öffentliche Arbeiten gegenüber bereit erklärt, falls dem Vereine nicht seitens des Staates oder der Stadt ein Terrain in zentraler Lage zu mäfsigem Preise verkauft oder auf längere Zeit verpachtet würde, an der Strafse 48 Abteilung XIII Sektion 2, nahe der Landsberger Allee, sofort 10 Arbeiterwohnhäuser für etwa 100 Familien zu errichten, wenn ihm gestattet wird, in einer Entfernung von 32 m von der Strafse 48 eine neue Strafse anzulegen, dergestalt, dafs eine Zusammenlegung der sämtlichen Höfe gesichert ist. Nachdem das königliche Polizeipräsidium mit Rücksicht auf die in Betracht kommenden Verhältnisse von Bedenken gegen die nur 18 m breit projektierte Strafsenanlage Abstand genommen, haben die Minister für Handel, Gewerbe und öffentliche Arbeiten den Magistrat um Äufserung ersucht, ob die Stadt Berlin der Anlage dieser neuen Strafse zustimme oder ihrerseits diese neue Strafse anlegen wolle. Die städtische Baudeputation hat daraufhin beschlossen, ihrerseits gegen die Aufnahme einer solchen Strafse in den Bebauungsplan nichts einzuwenden. Es scheint somit die Ausführung des in Rede stehenden Projektes gesichert, ein Fortschritt von prinzipieller Bedeutung, wie sich aus dem nächsten Kapitel ergeben wird.

5. Private Bauthätigkeit.

Wir haben im vorstehenden eine ganze Reihe von Bestrebungen kennen gelernt, die unter den verschiedensten Organisationsformen das Problem der Beschaffung billiger Arbeiterwohnungen in Angriff genommen haben. Ziehen wir die Summe aus dem, was bis jetzt als das praktische Resultat dieser Bestrebungen angesehen werden kann, so können wir — bei rückhaltlosester Anerkennung jedes, auch des kleinsten Beitrages zur Lösung einer so wichtigen Frage — nicht umhin, einzugestehen, dafs der erzielte Erfolg mit dem vorhandenen Notstande in keinem Verhältnis steht. Vergegenwärtigen wir uns, dafs die jährliche Bevölkerungszunahme in Berlin etwa 50- bis 60000 Personen beträgt, dafs auf eine Haushaltung durchschnittlich 4,5 Köpfe kommen, so würden in einem Jahre 11- bis 13000 Wohnungen neu herzustellen sein, worunter sich 40 %, d. h. 4400—5200 kleine Wohnungen befinden müfsten[1]). Vergleichen wir damit die Ergebnisse, die selbst mit der Millionenstiftung eines Peabody zu erzielen gewesen sind, so müssen wir, erst recht, wenn es sich um deutsche Verhältnisse handelt, ohne weiteres zugestehen, dafs durch humanitäre Bestrebungen Einzelner sowohl wie von Vereinigungen kaum jemals eine befriedigende Lösung der schwebenden Frage herbeigeführt werden wird. Dem Bedürfnis in seinem ganzen Umfange gerecht zu werden, ist nur die private Bauthätigkeit imstande. Wir betrachten es als den ersten wirklichen Schritt vorwärts, dafs diese Erkenntnis sich in der jüngsten Zeit Bahn gebrochen hat, und dafs die praktisch an der Lösung der Frage Beteiligten mehr und mehr ihre Bestrebungen auf die Ausfindigmachung von Mitteln lenken, wie die Privatspekulation in die richtigen Wege geleitet werden kann.

Wir möchten nicht mifsverstanden werden; es liegt uns jede einseitige Auffassung in dieser Frage fern. Wir erkennen auch jenen Bestrebungen, die wir oben als im Sinne der Lösung der grofsstädtischen Wohnungsnot weniger belangreich charakterisiert haben, in anderer Richtung ihre volle Bedeutung zu. Die Baugenossenschaften z. B., die dem besser- und bestsituierten Arbeiter, dem kleinen Beamten die Eigentumserwerbung eines Häuschens in den Vororten ermöglichen, erfüllen eine Mission, die wir als eine der segensreichsten betrachten. Auch für diese Bevölkerungsklasse existiert eine Wohnungsnot, die zu mildern, eine lohnende Aufgabe ist. Aber man darf darüber den eigentlichen Kernpunkt der Frage nicht vergessen. In ihrem vollen Umfange ist dieselbe unseres Erachtens nur zu lösen durch die Bereitstellung ausreichender Mietwohnungen im Innern und an der Peripherie der Städte. Die gemeinnützigen Baugesellschaften, die sich im Sinne der geschilderten Leipziger, Dresdener, Berliner Vereinigungen an der Lösung der

---

[1]) Wieck a. a. O.

Frage beteiligt haben, erfüllen damit einen hochwichtigen Beruf, indem sie der privaten Bauthätigkeit die Möglichkeit demonstrieren und die Wege andeuten, innerhalb gewisser Grenzen mit Bezug auf die Höhe der Mieten, Häuser mit kleinen Wohnungen herzustellen, die ein immerhin noch rentables Spekulationsobjekt bilden. Die zahlreiche Entstehung solcher Vereinigungen ist um so bedeutungsvoller, als lokale Lebensgewohnheiten, baupolizeiliche Vorschriften, Grunderwerbskosten für jede Stadt eine andere Lösung der Frage bedingen. Reichen die Mittel weiter, gelingt es, nennenswerte Kapitalien zu einem mäfsigen Zinsfufse für die Sache zu gewinnen, so kann durch diese Art der Bauthätigkeit sogar für einen Teil des Bedürfnisses wirkliche Abhilfe geschaffen werden. In London haben die gemeinnützigen Baugesellschaften im Verein mit den Bestrebungen im Sinne Octavia Hill's in der That bedeutendes geleistet. Den gröfsten Teil der Nachfrage wird jedoch unter allen Umständen die private Bauthätigkeit decken müssen, und wir haben uns demgemäfs zum Schlufs noch für einen Augenblick mit dieser letzteren und ihren weiteren Zielen zu beschäftigen.

Die Privatbauthätigkeit — wir halten uns in erster Linie an Berliner Verhältnisse — ist in der letzten Zeit den an sie zu stellenden Anforderungen nicht gerecht geworden. Beweis dafür ist eben das Fehlen zweckmäfsig eingerichteter kleiner Wohnungen zu einem Mietpreise, den der Arbeiter erschwingen kann. Bis in die neueste Zeit sind auch in den entfernteren Stadtgegenden die Vorderhäuser mit drei- und vierräumigen Wohnungen erbaut worden, ohne dafs hierfür ein Bedürfnis vorgelegen hätte. Da man diese Wohnungen nicht im ganzen vermieten konnte, wurden sie dann einfach mehreren Familien zugewiesen, die also an gemeinsamen Fluren wohnen müssen. Die Verteilung der Räume ist infolgedessen sehr unzweckmäfsig, und besonders die aus einer früheren Wohnstube entstandene Küche erhält zu grofse Abmessungen, woraus ein hoher Mietpreis entspringt[1]). Das eigentliche Bedürfnis sind zweiräumige Wohnungen, aus Stube und Küche bestehend. Daneben müssen Wohnungen ins Auge gefafst werden, die neben Stube und Küche, mit Rücksicht auf die erwachsenen Kinder, noch eine Kammer enthalten. Es würde einer gleichmäfsigeren Mischung verschiedener sozialer Schichten entsprechen, wenn daneben in den Hauptgeschossen

---

[1]) Messel a. a. O.

der Vorderhäuser auch einzelne Wohnungen von vier Räumen vorgesehen würden. Ferner ist für alleinstehende Personen, alte Ehepaare etc. die Bereitstellung einzelner Zimmer mit Kochofen dringendes Bedürfnis. Eine der wichtigsten Forderungen bei der Anordnung des Grundrisses ist die Trennung der Flure der einzelnen Wohnungen, die jede für sich zugänglich sein soll. Eine Anordnung wie die erwähnte, in England gebräuchliche, bei der die Treppen auf umlaufende Aufsengalerieen im Hofe münden, dürfte für unsere Verhältnisse schon aus klimatischen Rücksichten nicht empfehlenswert sein, entspricht aber andererseits auch den Lebensgewohnheiten der betreffenden Bevölkerungsschichten nicht, die hierbei nicht aufser acht gelassen werden können.

Es sind nun in neuester Zeit einige sehr beachtenswerte Versuche gemacht, unter Zugrundelegung derartiger Gesichtspunkte eine Grundrifsanordnung ausfindig zu machen, die als Muster für solche Mietshäuser dienen könnte und gleichzeitig die für die Privatbauthätigkeit mafsgebende Rentabilität gewährt. Nach dem Gesagten leuchtet die Bedeutung derartiger Versuche ohne weiteres ein, und es ist daher am Platze, auf dieselben etwas näher einzugehen.

Der erste, der mit Nachdruck auf diese Seite der Frage hingewiesen hat, ist der als Autor auf dem Gebiete der Arbeiterwohnungsfrage rühmlichst bekannte Amtsrichter Aschrott[1]) in Berlin. Derselbe ging von dem Gesichtspunkte aus, dafs eine Besserung nur erhofft werden könne, wenn es gelänge, das kapitalistische Interesse der Lösung dieser wichtigen und dringenden sozialen Aufgabe zuzuwenden. Das aber könne nur erreicht werden, wenn die Aktien einer Arbeiterwohnungs-Gesellschaft zu einem absolut sichern, eine Dividende von 4% abwerfenden Anlagepapier gemacht werden. Nur unter diesen Voraussetzungen könne darauf gerechnet werden, dafs sich genügend grofse Kapitalien für derartige Unternehmungen finden werden. Wenn somit dem Unternehmen der Charakter der Wohlthätigkeitsveranstaltung aus wohlerwogenen Gründen genommen werden soll, so bleibt bei demselben trotzdem hinreichend Raum zur Entfaltung wohlthätigen Sinnes. Es wird darauf gerechnet,

[1]) Vgl. Schriften des Deutsch. Vereins f. Armenpflege und Wohlthätigkeit. XI. Heft. Die Wohnungsfrage vom Standpunkte der „Armenpflege, Leipzig 1890.

dafs der Aufsichtsrat, vielleicht auch das eine oder andere Mitglied des Vorstandes, die Geschäfte unentgeltlich besorgt, und es liegt auch im Interesse der Sache, dafs sich bei der Verwaltung der Häuser freiwillige Kräfte in der Art des von Octavia Hill begründeten Systems beteiligen werden. Mit der Auffassung des Unternehmens als eines rein geschäftlichen steht es auch im Einklang, dafs nicht billigere, sondern bessere Wohnungen den Leuten geliefert werden sollen. Ihre Ansprüche an die Wohnungen sollen gesteigert werden, ohne höhere Mieten als die bisher gezahlten von den Leuten zu verlangen; das Unternehmen soll also gewissermafsen auch eine erzieherische Tendenz haben.

Es kam nun darauf an, den Nachweis zu liefern, dafs ein von derartigen Grundsätzen geleitetes Unternehmen als ein in dem gedachten Sinne rentables angesehen werden kann, und diesem Bestreben ist das mehrfach im Vorstehenden erwähnte Projekt eines Mustermiethauses entwachsen, welches auf Grund der Aschrottschen Vorschläge von dem Regierungsbaumeister Messel entworfen ist, und welches der Verein zur Verbesserung der kleinen Wohnungen zu dem seinen gemacht hat. (Vgl. Anlage 7.)

Das für den Bau in erster Linie ausersehene Grundstück liegt im Osten Berlins in verkehrsreicher Gegend und in der Nähe zahlreicher Fabriken. Das Terrain enthielt 325 Quadratruten und war zu einem Preise von 325000 M. angeboten. Das Terrain bestand aus einem schmalen Streifen Vorderland, der die nötige Durchfahrt gewähren sollte, und einer dahinter liegenden sehr grofsen und breiten Fläche Hinterland, die es gestattete, den Raum zwischen den beiden zu errichtenden Seitenflügeln zu einem breiten, rasenbewachsenen Hof zu gestalten (s. Fig. 7). Terrains von ähnlicher Gestaltung kommen in Berlin häufig vor. Bei der Grundrifsanordnung der einzelnen Wohnungen, die aus je einem, zwei, oder höchstens drei Räumen bestehen sollen, ist darauf Bedacht genommen, dafs dem Mieter bei einer Vergröfserung der Familie oder bei dem Heranwachsen der Kinder die Möglichkeit gegeben wird, zu seiner bisherigen Wohnung noch einen Raum hinzuzunehmen. Fig. 8 läfst erkennen, wie dies gedacht ist. Von dem Treppenflur aus sind die drei Wohnungen 1, 2 und 3 zugänglich, deren jede ihren gesonderten Eingang hat. Das in der Mitte liegende Einzelzimmer 2 kann gegebenen Falls zu jeder der beiden Wohnungen hinzugenommen werden. Jede der drei Wohnungen hat ihr besonderes Klosett.

Wo die Wohnung nur aus einem Zimmer besteht, ist in derselben Kochofen und Spülbecken angebracht. In den aus zwei Räumen bestehenden Wohnungen findet sich Kochvorrichtung und Spülbecken in dem gröſseren Raum. Das ganze Haus wird durch zehn Treppen in zehn selbständige Häuserabteilungen von drei bis acht Wohnungen pro Stockwerk geteilt; in vier Etagen hat

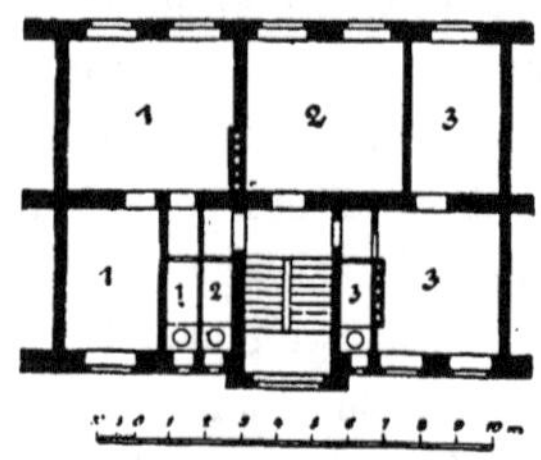

Grundriſs einer Wohnung des Obergeschosses.

Fig. 8. Aschrott-Messelscher Entwurf zu einem Arbeitermietshause.

Die mit gleichen Zahlen bezeichneten Räume bilden je eine Wohnung.

dasselbe insgesamt 130 einzelne Zimmer und 173 aus zwei Räumen bestehende Wohnungen. Ferner sind gedacht auf dem Hofe vier groſse Waschküchen und neben denselben 18 groſse Badezellen, endlich eine groſse Halle, deren eine Hälfte als Lese- und Vergnügungsraum, die andere Hälfte als Spiel- und Turnhalle eingerichtet wird. — Die Kosten des Projektes werden in folgender Weise berechnet:

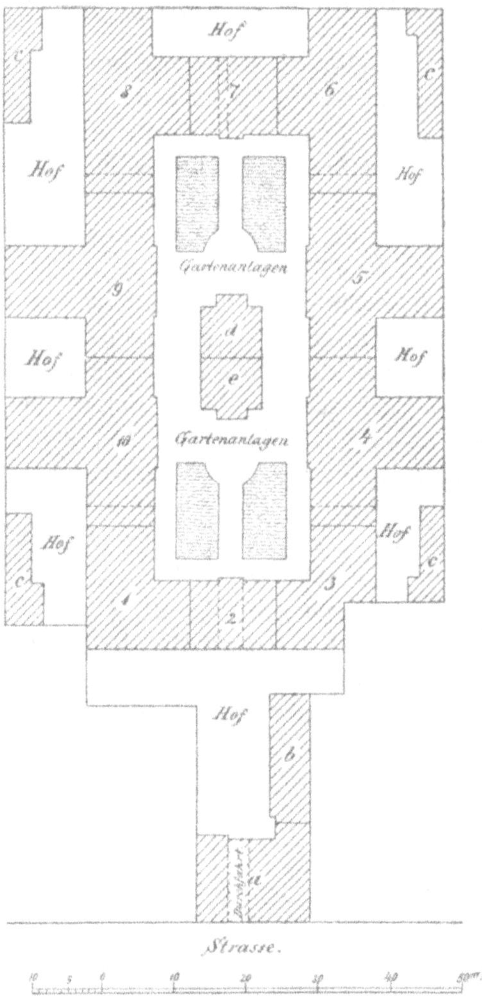

Lageplan.

Fig. 7. Aschrott-Messelscher Entwurf zu einem Arbeitermietshause.

a Vorderhaus. b Seitenflügel. c Waschküchen und Badezellen. die Turnhalle und Lesesaal. 1—10 Arbeiterwohnhäuser.

Für das eigentliche Arbeitermiethaus von 2370 qm bebauter Fläche sind die Baukosten mit 290 M. pro Quadratmeter,

insgesamt somit auf	687 300 M.
angesetzt, dazu treten noch für die Unterkellerung von 864 qm	12 960 „
zusammen also	700 260 M.
Die Baukosten für das Vordergebäude mit Seitenflügel von 282 qm sind mit 310 M. pro Quadratmeter, somit auf	87 420 „
berechnet. Die eigentlichen Baukosten betragen hiernach	787 680 M.

Dazu kommen die Kosten für die besonderen Veranstaltungen: Waschküchen, Badezellen, Turnhalle, Leseraum u. s. w. mit 37 075 M., für allgemeine Unkosten (Kanalisation, Pflasterung) 50 000 M., für unvorhergesehene Ausgaben 10 000 M., so dafs, einschliefslich 40 000 M. Bauzinsen bis zur Benutzung des Gebäudes, die Gesamtkosten auf rund 1 250 000 M. zu berechnen sind.

Als wöchentlicher Mietpreis ist in Aussicht genommen:

	für ein einzelnes Zimmer	für eine Wohnung von zwei Räumen
Parterre:	3,00 M.	4,75 M.
1. Etage:	3,15 „	5,00 „
2. „	3,00 „	4,75 „
3. „	2,85 „	4,50 „
4. „	2,70 „	4,25 „

Der jährliche Durchschnittspreis würde hiernach für ein einzelnes Zimmer 152,80 M., für eine Wohnung von zwei Räumen 242,20 M. betragen. Unter Annahme dieser Mietsätze ergibt sich folgendes Erträgnis:

130 einzelne Zimmer zu 152,80 M. jährliche Miete .	19 864 M.
173 zweiräumige Wohnungen zu 242,20 M. jährliche Miete	41 900 „
	61 764 M.

Dazu kommen an Mieten für Wohnungen und Läden im Vorderhaus und Seitenflügel:

3 Läden parterre	5200,00 ℳ.
1 Geschäftsetage	3100,00 „
3 Wohnungen im Vorderhause von 2 Zimmern nnd Küche à 420 ℳ.	1260,00 „
3 Wohnungen im Vorderhause von 3 Zimmern und Küche à 580 ℳ.	1740,00 „
8 Wohnungen im Seitenflügel von 2 Zimmern à 242,20 ℳ.	1937,60 „
insgesamt	75001,60 ℳ.

Von diesem Gesamterträgnis sind folgende laufenden Ausgaben zu decken:

Steuern, Abgaben (Gas, Wasser etc.), Versicherung	8 % d. Mietsertr.
Reparaturen, Verbesserungen und Instandhaltung des Hauses	8 % „ „
Mietsausfälle	5 % „ „
Verwaltungsausgaben	4 % „ „
zusammen	25 % d. Mietsertr.

das sind 18 750 ℳ. Es ergibt sich somit eine Nettoeinnahme von etwa 56 250 ℳ. Zieht man hiervon zunächst den Betrag von 5 % = 2815,25 ℳ. ab, der gemäſs den gesetzlichen Bestimmungen zur Bildung eines Reservefonds zurückzulegen ist, und berechnet die Verzinsung des Anlagekapitals zu 4 % mit 50 000 ℳ., so ergibt sich noch ein Überschuſs von 3437,75 ℳ.

Auf einer von diesem urspünglichen Projekt nicht erheblich abweichenden finanziellen Basis beruht dasjenige, von dem wir oben mitteilten, daſs es voraussichtlich in nächster Zeit zur Ausführung gelangen wird. Es handelt sich dabei um ein Grundstück, welches von Straſsen umgeben ist.

Haben wir es hier also auch zunächst mit der Thätigkeit eines gemeinnützigen Vereins zu thun, so handelt es sich doch um eine Organisation, die sich durchaus den Verhältnissen der privaten Bauthätigkeit anschlieſst, und wir waren deshalb berechtigt, diesen sehr beachtenswerten Versuch an die Spitze des mit der letzteren sich beschäftigenden Kapitels zu stellen.

Ein weiterer hierhergehöriger Versuch ist der von Th. Goecke[1]),

[1]) Th. Goecke, Das Berliner Arbeitermietshaus. Deutsche Bauzeitung 1890 Nr. 83 ff.

dessen Veröffentlichung in der Deutschen Bauzeitung wir eingangs bereits erwähnt haben. Fig. 9 gibt die von Goecke vorgeschlagene Grundriſsanordnung wieder. Wie ersichtlich, sind von jedem Treppenflur zwei Wohnungen zugänglich gemacht, deren Scheidewand auf die Mittelachse des Treppenhauses paſst. Unmittelbar an dieses stöſst die Küche, von der aus man in die 20 qm groſse Vorderstube gelangt. Der Herdofen soll die Stube mit erwärmen und gleichzeitig für die ausgiebige Lüftung beider Räume dienen. Die Aborte sind in die Auſsenwinkel der Treppenhausvorlagen verwiesen. Nur in Ausnahmefällen aber sollen sie vom Treppenflur, auch nicht unmittelbar von der Küche her, sondern in der Regel über einen der Küche vorzulegenden Balkon betreten werden, welcher zu allerlei wirtschaftlichen Arbeiten, wie zur Kleiderreini-

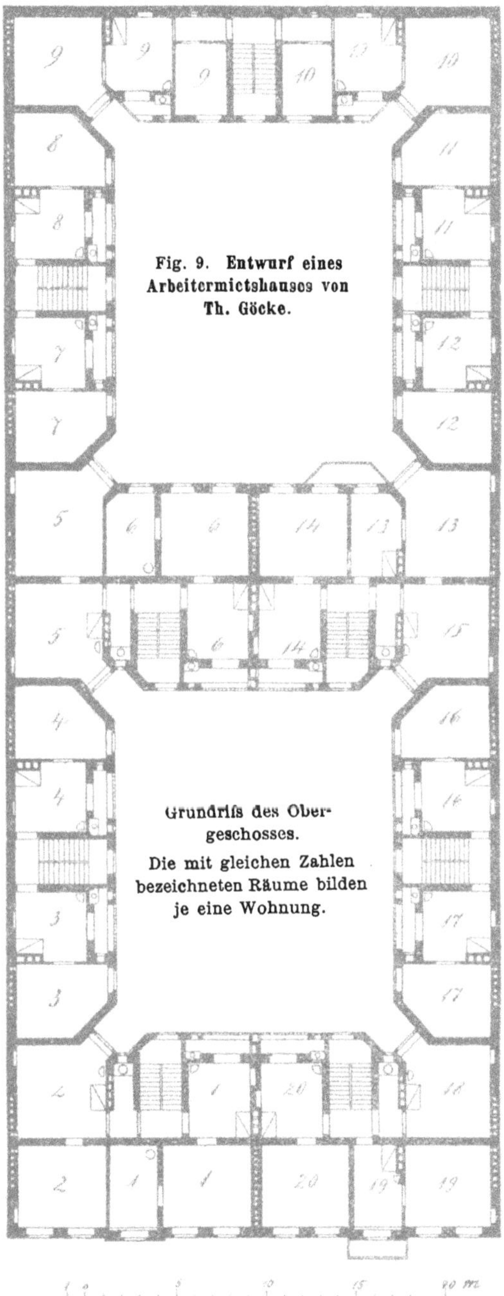

Fig. 9. Entwurf eines Arbeitermietshauses von Th. Göcke.

Grundriſs des Obergeschosses. Die mit gleichen Zahlen bezeichneten Räume bilden je eine Wohnung.

gung etc. dienen soll. Der Balkon soll aufserdem ein kleines Gelafs für Brennmaterial enthalten, ferner mündet auf denselben ein Kehrichtschacht, durch welchen die Abfälle in Kellergruben geschüttet werden. In der dem Abort anliegenden Küchenecke ist ein Ausgufsbecken mit Wasserzulauf angebracht. In der Wand ist ein Wandschrank mit Luftzug zur Aufbewahrung von Speisen ausgespart. Einzelwohnräume, mit Kochofen versehen, erhalten mit der nebenliegenden Wohnung gemeinschaftlich zu benutzende Aborte.

Dieser Grundrifs läfst sich mit geringen Änderungen leicht auf verschiedenartig gestaltete Grundstückformen übertragen. Goecke legt seiner Rentabilitätsberechnung folgende Verhältnisse zu Grunde: Grundstückbreite 27,00 m, Tiefe 37,50 m; gesamte Grundfläche 1012,5 qm; bei Annahme von Vorderhaus, Hinterhaus und zwei Seitenflügeln, die einen Hof umgeben, würde bei 674,8 qm bebauter Grundfläche das Verhältnis der letzteren zur gesamten Grundfläche gleich 1 : 1,5 sein. Die Zahl der vorhandenen Räume würde, fünf bewohnbare Geschosse vorausgesetzt, 128 betragen, also durchschnittlich auf jeden Raum 7,91 qm des Bauplatzes zu rechnen sein. Bei ortsüblichen Preisen und Löhnen berechnet der Verf. die Gesamtbaukosten, einschliefslich 4 % Bauzinsen, auf rund 230 000 *M.*, d. h. für 1 qm bebauter Grundfläche rund 355 *M.* Auf einen bewohnbaren Raum fielen somit im Durchschnitt 1797 *M.*. Da auf einen Raum 7,91 qm des Bauplatzes zu rechnen sind, hängt der Gesamtpreis, der zur Gewinnung eines zum Wohnen nutzbaren Raumes aufgewendet werden mufs, also nur noch von dem Baustellenpreise ab. Es ist, unter Zugrundelegung eines durchschnittlichen Mietsatzes für die Raumeinheit, leicht zu ermitteln, was nach Verzinsung des Baukapitals, nach Abzug der Unterhaltungskosten und Abgaben noch für die Erwerbung des Bauplatzes übrig bleibt. Angenommen, im Durchschnitt seien für eine

dreiräum. Hinterwohnung	von	46	qm	nutzbare	Wohnfläche	300 *M.*
zweiräum. „	„	34,2	„	„	„	220 „
einräum. „	„	26,4	„	„	„	160 „
dreiräum. Vorderwohnung	„	40,9	„	„	„	310 „
zweiräum. „	„	34,6	„	„	„	240 „

im Jahr an Miete zu erheben, so würde sich der Ertrag für 1 qm nutzbarer Wohnfläche auf 6,76 *M.* und, da im Durchschnitt 17 qm für einen Raum zu rechnen sind, für diesen auf 114,9 *M.* im Jahr beziffern. Dieser Ertrag wird sich in guten Strafsenlagen durch

Einrichtung einiger Läden noch erhöhen lassen, ohne ein wesentlich gröfseres Baukapital zu erfordern. Das Baukapital soll nur mit $3\frac{1}{2}$ % verzinst und mit 1 % getilgt werden. Die Gesamtkosten für Unterhaltung und Abgaben belaufen sich auf 15% vom Mietsertrage. Demnach wären an Bau- und Grunderwerbskosten zusammen aufwendbar:

$$\left(114{,}9 - \frac{114{,}9 \cdot 15}{100}\right)\frac{100}{4{,}5} = 2170 \text{ M.}$$

Hiervon nehmen, wie oben berechnet, die Baukosten weg 1797 M. Es bleiben also für den Grunderwerb verfügbar 373 M., und zwar auf den Bedarf eines bewohnbaren Raumes bezogen, für 1 qm Bauplatz demnach $\frac{373}{7{,}91}$ = rund 47,2 M., oder für 1 q-Rute 669,3 M. Zu diesem Preise würden passende Baustellen noch zu haben sein. Dieses Projekt käme also auf eine $4\frac{1}{2}$ prozentige Verzinsung des Anlagekapitals hinaus.

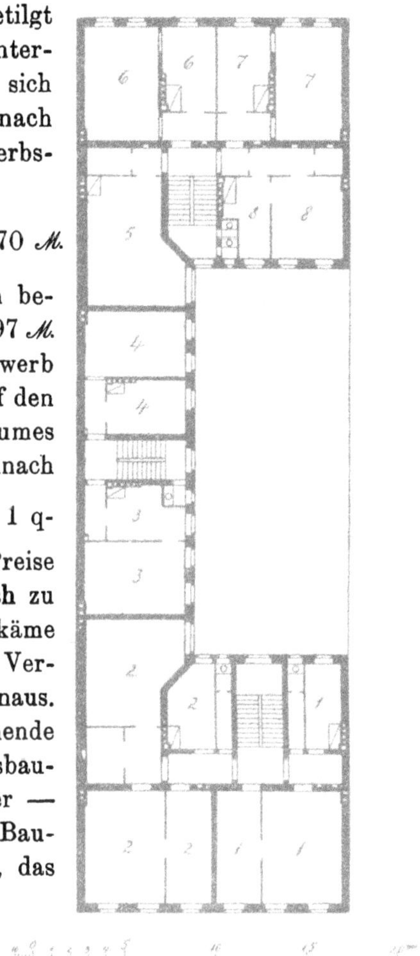

Grundrifs des Obergeschosses.

Fig. 10. Entwurf eines Arbeitermietshauses von R. Goldschmidt.

Die mit gleichen Zahlen bezeichneten Räume bilden je eine Wohnung.

Der dritte hier zu besprechende Versuch ist der des Regierungsbaumeisters Goldschmidt[1]), der — ebenfalls in der Deutschen Bauzeitung — ein Projekt mitteilt, das ähnlich in letzter Zeit bereits mehrfach zur Ausführung gekommen ist. In Fig. 10 geben wir die Grundrifsanordnung wieder. Das Grundstück ist zu 15 m Strafsenfront und 53,64 m Tiefe gedacht = 804 qm = 56,7 Quadratruten. Auf demselben sind ein Vorderhaus und Quergebäude mit Erdgeschofs und vier Obergeschossen, sowie ein Seitenflügel mit

[1]) R. Goldschmidt, Wohnhäuser mit kleinen Wohnungen in Berlin. Deutsche Bauzeitung 1891 Nr. 21.

Erdgeschoſs und drei Obergeschossen gedacht. Die Höfe von je zwei Häusern sind zusammengelegt. Als Durchschnittsmaſs für jeden Wohnraum sind 20 qm Grundfläche, für die Küchen 12,5 qm angenommen. Die Geschoſshöhe schwankt zwischen 3,0 und 3,5 m. Zu jeder Wohnung, deren Mehrzahl aus je einer Stube mit Küche besteht, gehört ein besonderer Flur, zu dem Küche und Wohnraum gesonderten Ausgang haben, damit Aftermieter oder Schlafburschen niemals durch einen andern bewohnten Raum gehen müssen, um in ihre Schlafstätten zu gelangen. Jede Küche ist mit Wasserleitung und gelüftetem Speiseschrank unter der Fensterbrüstung versehen. Aborte sind für mehrere Wohnungen gemeinschaftlich, und zwar haben zu dieser nicht zu empfehlenden Anordnung die rigorosen Bestimmungen der Berliner Baupolizeiverordnung geführt, welche verlangt, daſs jedes Klosett ein Fenster nach dem Hofe haben oder an einem 10 qm groſsen Lichthofe liegen muſs. Goldschmidt hält den Vorschlag von Goecke, die Klosetts über einen der Küche vorgelegten Balkon zugänglich zu machen, für unzweckmäſsig, weil die Klosetts bei dieser Anordnung im Winter der Gefahr des Einfrierens zu sehr ausgesetzt seien, und andererseits die Galerieen der Küche, oft dem einzigen Wohnraume der Familie, Luft und Licht entziehen würden.

Goldschmidt stellt folgende Rechnung hinsichtlich der Ertragsfähigkeit derartiger Häuser auf:

Grunderwerbskosten: 56,7 Quadratruten zu 600 ℳ. . .	34000 ℳ.
Baukosten (einschl. Zinsverlust) bei 533 qm bebauter Grundfläche à 270 ℳ.	144000 „
	178000 ℳ.

Der Mietsertrag berechnet sich:

für 27 Wohnungen von je 1 Stube mit Küche, zum durchschnittlichen Preise von 215 ℳ.	5805 ℳ.
für 7 einzelne Stuben mit Kochofen à 140 ℳ. . . .	980 „
für 2 Wohnungen mit 2 Stuben und Küche à 360 ℳ. .	720 „
für 2 Wohnungen mit 3 Stuben und Küche à 550 ℳ.	1100 „
für 1 Laden mit Wohnung	900 „
für 1 gröſseren Laden mit groſser Wohnung	1100 „
	10605 ℳ.

Hiergegen belaufen sich die Zins- und Verwaltungskosten auf:

4 1/3 % Zinsen der I. Hypothek in Höhe von 128 000 *M.*	5543 *M.*
5 % desgl. von 50 000 *M.*	2500 „
Unkosten 15 % vom Mietsertrag	1560 „
	9603 *M.*

Aufser der Verzinsung des Anlagekapitals würden nach dieser Rechnung die Häuser einen Überschufs von rund 1000 *M.* bringen. Es liegen dieser Aufstellung die Mietpreise zu Grunde, welche zur Zeit überall gezahlt werden, die aber für einen grofsen Teil der Arbeiter entschieden zu hoch sind. Dafs aber die Möglichkeit gegeben ist, diese Preise auf ein bei weitem niedrigeres Mafs herabzudrücken, wenn man für billige Hypotheken sorgt, zeigt die folgende, dem entsprechend veränderte Aufstellung. Von dem Herstellungspreis kommen 6000 *M.* in Fortfall durch Ersparung der sonst für Beschaffung der Baugelder und Hypotheken an Agenten und Banken zu zahlenden Provisionen und durch die geringere Verzinsung der eigentlichen Baugelder, desgl. 3000 *M.* durch Ersparnisse an der meist überflüssig reichen Ausstattung. Es bliebe somit ein Herstellungspreis von 169 000 *M.* Die Verzinsung desselben erfordert eine Summe von 6760 *M.*, und unter Hinzurechnung von 15 % des verringerten Mietsertrages für Unkosten eine Summe von 8110 *M.* Hingegen stellt sich der Mietsertrag:

für 27 Wohnungen von je 1 Stube mit Küche zu 165 *M.*	4455 *M.*
für 7 Stuben mit Kochofen zu 130 *M.*	910 „
für 2 Wohnungen von je 2 Stuben und Küche zu 350 *M.*	700 „
für 2 Wohnungen von je 3 Stuben und Küche zu 550 *M.*	1100 „
für 1 Laden	850 „
für 1 „	1100 „
	9115 *M.*

Bei demselben Überschufs von rund 1000 *M.* läfst sich also unter Annahme einer vierprozentigen Verzinsung des Anlagekapitals der Mietpreis von Stube und Küche von 215 auf 165 *M.* ermäfsigen.

Es soll nun keineswegs hier eine Entscheidung gefällt werden, ob einer von diesen Entwürfen, oder welcher von ihnen das richtige trifft. Jedenfalls aber ist es sehr verdienstlich, unter genauer Berücksichtigung örtlicher Verhältnisse derartige Entwürfe aufzustellen, die der bisher oft vollständig planlosen Bauthätigkeit feste Anhaltspunkte zu geben geeignet sind. Hat sich die Privatspekulation erst einmal von der Rentabilität derartiger Unternehmungen überzeugt, so ist damit die Aussicht gegeben, dafs sie von dem falschen Wege, den sie eingeschlagen hat, nach und nach zurückkommen wird. Goldschmidt hat a. a. O. darauf hingewiesen, wie wichtig es ist, dafs in Berlin allmählich an die Stelle der unsoliden Bauspekulanten solidere Elemente treten. Da die Verwaltung eines fertigen Arbeiterwohnhauses keine ganz bequeme ist, sind es selbstverständlich keine reichen Leute, welche sich zum Bau derselben entschliefsen. Die Erbauer sind meistens kleine Handwerksmeister, Maurer oder Zimmerpoliere, welche mit einem kleinen ersparten Vermögen von 5000 bis 10000 ℳ. bei gutem Willen der Baugesellschaften und Baugeldgeber die betreffenden Häuser, falls sie keine zu grofsen Objekte bilden, zur Zufriedenheit aller Beteiligten herstellen können. Solche Bauherren würden sich in gröfserer Menge finden, wenn es gelänge, öffentliches und Privatkapital in gröfserem Umfange als bisher zum Bau von Arbeiterwohnungen zu mäfsigem Zinsfufs heranzuziehen.

Es ist bekannt, dafs die „Vereinigung Berliner Architekten" in letzter Zeit über die Arbeiterwohnungsfrage in einer Reihe von Sitzungen eine eingehende Diskussion gehalten hat. Als Referenten traten dabei in erster Linie die Herren Goecke, Messel, Goldschmidt, Wieck auf, über deren Auffassung der Frage wir im vorausgehenden zum Teil an der Hand ihrer früheren Veröffentlichungen eingehend referiert haben. Die Vereinigung ist alsdann zum Schlufs zu einer Resolution gekommen, welche die wesentlichsten Gesichtspunkte der Diskussion zusammenfafst; wir geben dieselbe in Anlage 8 im Wortlaut.

Wir haben im vorstehenden an der Hand des aufserordentlich reichhaltigen Materials, das über den Gegenstand vorliegt, einen Überblick über das zu geben versucht, was bis heute in der wichtigen Frage der Errichtung billiger Arbeiterwohnungen gethan ist, und unsere Stellungnahme zu den einzelnen Bestrebungen angedeutet. Auf Einzelheiten einzugehen, war in dem Rahmen, der uns gezogen war, nicht möglich. Dahin gehören z. B. viele der bislang in hygienischen Kreisen, unseres Erachtens nicht ganz berechtigterweise, zu sehr in den Vordergrund gestellten Fragen eigentlich sanitärer Natur. Aus unseren vorstehenden Erörterungen geht schon hervor, dafs u. a. die Frage der zweckmäfsigen Anlage der Aborte von sehr vielen Gesichtspunkten aus betrachtet werden kann und mufs. Wollte man z. B. — was wir für die weitaus dringendste Forderung in dieser Hinsicht halten — jeder Mietspartei einen eigenen Abort gewähren und sich dabei an die Vorschriften der Berliner Baupolizeiverordnung halten, so ist man bei einem Grundrifs, wie etwa der oben mitgeteilte Goldschmidt'sche, gezwungen, acht Fenster nach dem Hofe für diesen Zweck zu opfern, was bei Berliner Grundstückpreisen eine fast unerfüllbare Forderung ist, wenn man mit den Mietspreisen innerhalb der gebotenen Grenzen bleiben will. Zu diesen Detailfragen gehört auch die der Lüftung und Heizung der Räume, die bekanntlich dem Verein für öffentliche Gesundheitspflege Anlafs zu einer Konkurrenzausschreibung gegeben hat (s. Anlage 9). Es lassen sich dafür wohl gewisse allgemeine Grundsätze aufstellen, die Wahl der speziellen Vorrichtungen wird aber immer in hohem Grade von lokalen Verhältnissen abhängig bleiben. Die örtlichen Gewohnheiten spielen in diesen Fragen eine grofse Rolle, und man mufs, ebenso wie in der Grundrifsanordnung der Wohnungen, auch in den Details der Einrichtung diesen nach Möglichkeit Rechnung tragen, wenn man Erfolge haben will. Der Gedanke, welcher z. B. der einen der erwähnten Preisausschreibungen zu Grunde liegt, verdankt einer in England gewonnenen Anregung seine Entstehung. In den meisten kleinen Wohnungen der Londoner Baugesellschaften ersetzt der Kochofen den Küchenherd. Auch de Liagre hat in seinen Leipziger Miethäusern die Küchenherde beseitigen und dafür Kochöfen anbringen lassen. Ob die Berliner Arbeiterfrau sich anders als im äufsersten Notfall entschliefsen wird, eine Wohnung zu mieten, in welcher der Herd fehlt, wagen wir zu bezweifeln. Alle diese Einzelfragen sind unseres Erachtens erst zu entscheiden, wenn die weit wichtigere Vorfrage der wirtschaftlichen Rentabilität des Unternehmens entschieden ist. Dann allerdings wird auch von diesen Details sehr viel abhängen, zumal viele derselben bei der Baukostenrechnung wesentlich in Frage kommen.

Wenn wir nun, was die wirtschaftliche Seite der Frage anlangt, in den vorstehenden Erörterungen gewisse Gruppen hierhergehöriger Veranstaltungen als den eigentlichen Kern der Frage nicht treffend bezeichnet haben, so möchten wir zum Schlufs noch einmal betonen, dafs wir jeder dieser Bestrebungen als einem Beitrage zur Lösung der etwas weiter gefafsten Aufgabe unsere volle Anerkennung zollen und die ausgiebigsten Erfolge wünschen. Nur wenn alle in Betracht kommenden Faktoren in der richtigen Weise zusammenwirken, kann eine befriedigende Lösung der in der That nicht ganz einfachen Frage erhofft werden. Dafs wir in der letzten Zeit einen bedeutsamen Schritt weiter gekommen sind, kann nicht geleugnet werden. Am Ziel sind wir noch lange nicht, und die Arbeit jedes, der zu dessen Erreichung mitwirken will und kann, ist nach wie vor willkommen.

Litteratur.

Die Zahl der Einzelabhandlungen über die Arbeiterwohnungsfrage beläuft sich auf viele hunderte. Wir können daher im nachstehenden nur die Titel einiger allgemein orientierenden Schriften anführen. Eine ziemlich vollständige Litteraturzusammenstellung, die, bis zum Jahre 1888 reichend, etwa 400 Nummern umfaſst, findet sich bei Muller et Cacheux, Les habitations ouvrières en tous pays, Paris 1889.

C. W. Hoffmann, Die Wohnungen der Arbeiter und der Armen. Berlin 1852.

Huber, Die Wohnungsnot der kleinen Leute in groſsen Städten. Leipzig 1857.

Die Wohnungsfrage. Mitteilungen des Zentralvereins für das Wohl der arbeitenden Klassen. Berlin 1865.

Sax, Die Wohnungszustände der arbeitenden Klassen und ihre Reform. Wien 1869.

Aſsmann, Die Wohnungsnot in Berlin. Berlin 1873.

Octavia Hill, Homes of the London Poor. London 1875 und 1883.

Die Einrichtungen für die Wohlfahrt der Arbeiter der gröſseren gewerblichen Anlagen im preuſsischen Staate. Berlin 1876.

Die Einrichtungen zum Besten der Arbeiter auf den Bergwerken Preuſsens. Berlin 1876.

Hansen, Die Wohnungsverhältnisse in den gröſseren Städten. Heidelberg 1883.

Ruprecht, Die Wohnungen der arbeitenden Klassen in London. Göttingen 1884.

Reichardt, Die Grundzüge der Arbeiterwohnungsfrage. Berlin 1885.

Die Wohnungsnot der ärmeren Klassen in den deutschen Groſsstädten. Schriften des Vereins für Sozialpolitik XXX u. XXXI. Leipzig 1886. (S. auch Bd. XXXIII der Schriften.)

Schmoller, Ein Mahnruf in der Wohnungsfrage. Leipzig 1887 und Neuabdruck in des Verf.'s: Zur Sozial- und Gewerbepolitik der Gegenwart. Leipzig 1890.

Maſsregeln zur Erreichung gesunden Wohnens. Verhandlungen des Deutschen Vereins für öffentliche Gesundheitspflege. Braunschweig 1888.

Trüdinger, Die Arbeiterwohnungsfrage und die Bestrebungen zur Lösung derselben. Jena 1888.

Die Wohnungsfrage vom Standpunkte der Armenpflege. Schriften des Deutschen Vereins für Armenpflege und Wohlthätigkeit. XI. Heft. Leipzig 1890. (S. auch Heft XIII d. Schriften.)

Bericht über die Deutsche allgemeine Ausstellung für Unfallverhütung Berlin 1889. I. Band, VIII u. IX: Albrecht, Gewerbehygiene und Arbeiterwohlfahrtsbestrebungen. Berlin 1890.

Straufs, Die Deutsche Wohnungsfrage. Herausgegeben vom Zentralverbande der Haus- und städtischen Grundbesitzervereine Deutschlands. Leipzig 1890.

Arbeiterwohnungen in Berlin. Verhandlung der Vereinigung Berliner Architekten. Deutsche Bauzeitung 1891 Nr. 27 ff.

Atlanten.

Manega, Die Anlage von Arbeiterwohnungen. II. Auflage. Weimar 1883. (Mit Atlas, 7,50 ℳ)

Schmölcke, Das Wohnhaus des Arbeiters. (Vom Verein »Concordia« preisgekrönt.) Bonn 1885. (Mit Atlas, 8,50 ℳ)

Zeichnungen von ausgeführten Arbeiterwohnhäusern. Eine Sammlung, herausgegeben vom Verein »Concordia«-Mainz. (I. Serie 70 Blätter à 0,40 ℳ II. Serie 4 Blätter à 0,10 ℳ)

Muller et Cacheux, Les habitations ouvrières en tous pays. II. Auflage. Paris 1889. (Mit Atlas, 60 Frcs.)

Ferner sind zu nennen eine Reihe von Artikeln im Arbeiterfreund, der Deutschen Bauzeitung, Glasers Annalen für Gewerbe und Bauwesen und anderen periodischen Zeitschriften.

Anlage 1.

Entwurf von reichsgesetzlichen Vorschriften zum Schutze des gesunden Wohnens.[1])

I. Strafsen und Bauplätze. § 1. 1. Die Anlage, Verbreiterung oder Veränderung einer Strafse darf nur auf Grund eines von der zuständigen Behörde festgesetzten Bebauungsplanes erfolgen. 2. Bei Festsetzung des Bebauungsplanes für einen Ortsbezirk mufs ein angemessener Teil des ganzen Flächeninhaltes als unbebaubarer Grund für Strafsen, Plätze oder öffentliche Gärten freigehalten werden. 3. Der Bebauungsplan kann für bestimmte Strafsen oder Strafsenteile das Zurücktreten der Baufluchtlinien hinter den Strafsenfluchtlinien (Vorgärten), sowie die Einhaltung seitlicher Mindestabstände zwischen den Gebäuden (offene Bauweise) vorschreiben. 4. Zur Aufhöhung der Strafsen und Bauplätze dürfen nur Bodenarten verwendet werden, welche frei von gesundheitsschädlichen Bestandteilen sind.

II. Neuherstellung von Gebäuden. § 2. 1. Die Höhe eines Gebäudes darf an der Strafse nicht gröfser sein, als der Abstand desselben von der gegenüberliegenden Baufluchtlinie. 2. Die zulässige gröfste Höhe der an Höfen gelegenen Gebäudewände, welche mit den im § 7 vorgeschriebenen

---

[1]) Beschlüsse der XV. Versammlung des Deutschen Vereins für öffentliche Gesundheitspflege, Strafsburg i. E. 1889.

Fenstern versehen sind, beträgt das anderthalbfache des mittleren Abstandes von der gegenüberliegenden Begrenzung des unbebauten Raumes. 3. Die mittlere Breite eines Hofes, auf welchen Fenster gerichtet sind, darf nicht unter 4 m bemessen werden. 4. Ein Zusammenlegen der Hofräume benachbarter Grundstücke behufs Erzielung des vorschriftsmäfsigen Abstandes oder der vorschriftsmäfsigen Mindestbreite ist statthaft, insofern die Erhaltung der Hofräume in unbebautem Zustande gewährleistet wird. 5. Jeder unbebaut bleibende Teil eines Grundstückes mufs zum Zweck seiner Reinigung mit einem Zugang von mindestens 1 m Breite und 2 m Höhe versehen sein.

§ 3. 1. Für Baustellen, welche bereits höher, bezw. dichter bebaut gewesen sind, als die Vorschriften in § 2 zulassen, treten im Falle eines Neubaues folgende erleichternde Bestimmungen ein. Die Höhe eines Gebäudes darf an der Strafse das anderthalbfache des Abstandes bis zur gegenüberliegenden Baufluchtlinie und an den Höfen das dreifache der Hofbreite betragen. Die Hofbreite darf bis auf 2,5 m eingeschränkt werden. 2. Bei Anwendung dieser Bestimmungen darf jedoch eine Verschlechterung der früher vorhanden gewesenen Luft- und Lichtverhältnisse des betreffenden Grundstückes keinenfalls herbeigeführt werden.

§ 4. Ein Neubau ist nur dann zulässig, wenn für die genügende Beschaffung von gesundem Trinkwasser, sowie für den Verbleib der Abfallstoffe und Abwässer auf gesundheitlich unschädliche Art gesorgt ist.

§ 5. 1. Die Zahl der erforderlichen Aborte eines Gebäudes ist nach der Anzahl der regelmäfsig in demselben sich aufhaltenden Menschen zu bestimmen. In der Regel ist für jede Wohnung ein besonderer, umwandeter, bedeckter und verschliefsbarer Abort anzulegen. 2. Jeder Abort mufs durch ein unmittelbar in das Freie gehendes bewegliches Fenster lüftbar sein. 3. Abortsfallrohre müssen aus undurchlässigen Baustoffen hergestellt und in der Regel als Luftrohre über das Dach hinaus verlängert werden. 4. Die Fufsböden und Decken der Ställe, sowie deren Trennungswände gegen Wohnräume sind undurchlässig herzustellen. 5. Das Gleiche gilt für die Fufsböden, Decken und Trennungswände solcher Geschäftsräume, hinsichtlich derer erhebliche gesundheitliche Bedenken vorliegen. 6. Die Verwendung gesundheitsschädlicher Stoffe zur Ausfüllung der Fufsböden und Decken ist verboten.

III. Neuherstellung der zu längerem Aufenthalt von Menschen dienenden Räume. § 6. 1. Räume, welche zu längerem Aufenthalt von Menschen dienen, müssen eine lichte Höhe von mindestens 2,5 m haben. 2. Höher als in dem vierten Obergeschofs, d. h. im vierten der über dem Erdgeschofs liegenden Stockwerke, dürfen Wohnungen nicht hergestellt werden.

§ 7. 1. Alle zu längerem Aufenthalt von Menschen dienenden Räume müssen bewegliche Fenster erhalten, die unmittelbar in das Freie führen. Erleichternde Ausnahmen sind zulässig, wenn auf andere Weise eine genügende Zuführung von Luft und Licht gesichert ist. 2. In jedem solchen Raume soll die lichtgebende Gesamtfläche der nach der Vorschrift in Absatz 1 notwendigen Fenster mindestens ein Zwölftel der Grundfläche betragen. Für Geschäftsräume und Dachkammern sind Erleichterungen zulässig.

§ 8. 1. Der Fufsboden aller Wohnräume mufs über dem höchsten Grundwasserstande, im Überschwemmungsgebiete über Hochwasser liegen. 2. Die

Fufsböden und Wände aller zu längerem Aufenthalt von Menschen dienenden Räume sind gegen Bodenfeuchtigkeit zu sichern. 3. Wohnungen in Kellern, d. h. in Geschossen, deren Fufsboden unter der Erdoberfläche liegt, sind nicht zulässig. 4. Zu längerem Aufenthalt von Menschen dienende Räume, insbesondere einzelne Wohnräume, dürfen in Kellern nur unter der Bedingung hergestellt werden, dafs der Fufsboden höchstens 1 m unter, der Fenstersturz mindestens 1 m über der Erdoberfläche liegt. — Erleichterungen sind statthaft, insofern die gewerbliche Verwendung der Räume eine gröfsere Tieflage erfordert.

IV. Benutzung der zu längerem Aufenthalt von Menschen dienenden Räume. § 9. 1. Alle zu längerem Aufenthalt von Menschen bestimmten Räume dürfen nur nach erteilter Genehmigung zu diesem Zweck in Gebrauch genommen werden. 2. Diese Genehmigung ist bei Neu- und Umbauten insbesondere dann zu versagen, wenn die betreffenden Räume nicht genügend ausgetrocknet sind.

§ 10. 1. Gelasse, deren Fenster den in § 7 gegebenen Vorschriften nicht entsprechen, dürfen als Wohnräume nicht benutzt werden. 2. Vermietete, als Schlafräume benutzte Gelasse müssen für jedes Kind unter zehn Jahren mindestens 5 cbm, für jede ältere Person mindestens 10 cbm Luftraum enthalten. In Mieträumen, für welche nach § 7, Absatz 2, Erleichterungen zugelassen sind, müssen immerhin, wenn sie als Schlafräume benutzt werden, auf jedes Kind unter zehn Jahren mindestens 0,1 qm, auf jede ältere Person mindestens 0,2 qm lichtgebende Fensterfläche entfallen. Kinder unter einem Jahre werden nicht mitgerechnet. 3. Diese Bestimmungen treten für bestehende Gebäude erst nach fünf Jahren in Kraft, können jedoch nach Ablauf von zwei Jahren bei jedem Wohnungswechsel in Wirksamkeit gesetzt werden. 4. Angemessene Räumungsfristen, deren Beobachtung nötigenfalls im Zwangsverfahren zu sichern ist, sind von der zuständigen Behörde vorzuschreiben.

§ 11. 1. Räume, welche durch Verstöfse gegen die vorstehenden Bestimmungen der §§ 2 bis 8 oder sonstwie durch ihren baulichen Zustand gesundheitswidrig sind, sollen auf Grund eines näher anzuordnenden Verfahrens für unbrauchbar zum längeren Aufenthalt von Menschen erklärt werden. 2. Werden aus diesen Gründen ganze Häusergruppen oder Ortsbezirke für unbenutzbar erklärt, so hat die Gemeinde das Recht, den vollständigen Umbau zu veranlassen oder vorzunehmen. Es steht ihr zu dem Zweck bezüglich aller in dem umzubauenden Bezirk befindlichen Grundstücke und Gebäude die Zwangsenteignung zu. Für das Enteignungsverfahren sind die Landesgesetze mafsgebend.

Die Vorschriften dieses Gesetzes gelten als Mindestanforderungen und schliefsen weitergehende Landes-, Provinzial- und Lokalverordnungen nicht aus. Der Erlafs von Ausführungsbestimmungen steht den Landesbehörden zu. Die Handhabung dieses Gesetzes liegt überall den Baupolizei- und Gesundheitspolizeibehörden ob, sofern nicht durch die Landesgesetzgebung anderweitige Bestimmung getroffen ist.

Anlage 2.

Loi Belge du 9 Août 1889 relatif aux habitations ouvrières et à l'institution de Comités de Patronage.

Article 1er. Il sera établi, dans chaque arrondissement administratif, un ou plusieurs comités chargés:

A. De favoriser la construction et la location d'habitations ouvrières salubres et leur vente aux ouvriers soit au comptant, soit par annuités;

B. D'étudier tout ce qui concerne la salubrité des maisons habitées par les classes laborieuses et l'hygiène des localités où elles sont tout spécialement établies;

C. D'encourager le développement de l'épargne et de l'assurance, ainsi que des institutions de crédit ou de secours mutuels et de retraite.

Ces comités recevront le nom de comités de patronage et seront composés de cinq membres au moins et de dix-huit membres au plus, nommés pour trois ans, savoir: trois à dix par la députation permanente du conseil provincial, deux à huit par le Gouvernement. Ils pourront être subdivisés en sections. Les comités et leurs sections auront un secrétaire nommé par la députation permanente.

Le mode de fonctionnement de ces comités et leurs relations avec le Gouvernement, les administrations provinciales et communales et les commissions médicales seront réglés par arrêté royal, sans qu'il puisse être porté atteinte aux attributions de ces administrations en matière d'hygiène et de salubrité publique.

Art. 2. Les comités de patronage pourront instituer et distribuer des prix d'ordre, de propreté et d'épargne.

Ils pourront recevoir, à cet effet, des dons et legs mobiliers et des subsides des pouvoirs publics.

Art. 3. Les comités de patronage ou leurs membres à ce délégués signaleront, soit aux administrations communales, soit à l'autorité provinciale, soit au Gouvernement, telles mesures qu'ils jugeront opportunes.

Ils adresseront annuellement rapport de leurs opérations au Ministre de l'Agriculture, de l'Industrie et des Travaux publics. Ce rapport sera communiqué au conseil supérieur d'hygiène, et chaque commune recevra copie du passage qui pourrait la concerner.

Art. 4. Avant de décréter une expropriation par zones dans les quartiers spécialement habités par la classe ouvrière, le Gouvernement prendra l'avis du comité de patronage sur les conditions à imposer au sujet de la revente des terrains compris dans l'expropriation.

Art. 5. La caisse générale d'épargne et de retraite est autorisée à employer une partie de ses fonds disponibles en prêts faits en faveur de la construction ou de l'achat de maisons ouvrières, après avoir, au préalable, demandé l'avis du comité de patronage.

Ces prêts seront assimilés, suivant leur forme et leur durée, aux placements provisoires ou aux placements définitifs de la caisse.

Art. 6. Le conseil général de la caisse d'épargne déterminera le taux et les conditions des dits prêts, sauf approbation du Ministre des Finances.

Art. 7. A défaut de payement à l'échéance des sommes dues à la caisse, la réalisation du gage qui aurait été fourni sera poursuivie conformément aux articles 4 à 9 de la loi du 5 mai 1872.

La requête sera adressée au président du tribunal de première instance. Ce tribunal connaîtra de l'opposition à l'ordonnance et les significations seront faites au greffe civil.

Art. 8. La Caisse générale d'épargne et de retraite est autorisée à traiter des opérations d'assurance mixte sur la vie ayant pour but de garantir le remboursement à une échéance déterminée — ou à la mort de l'assuré si elle survient avant cette échéance — des prêts consentis pour la construction ou l'achat d'une habitation.

Les conditions générales, ainsi que les tarifs de ces assurances seront soumis à la sanction royale.

L'arrêté royal mentionnera la table de mortalité, le taux d'intérêt et le prélèvement pour frais d'administration qui auront servi de bases à l'élaboration des tarifs.

Art. 9. Les provinces, communes, hospices et bureaux de bienfaisance pourront recevoir des dons et legs en vue de la construction de maisons ouvrières.

Art. 10. Sont exemptées de la contribution personnelle et de toute taxe provinciale ou communale analogue, à raison de la valeur locative, des portes et fenêtres et du mobilier, les habitations occupées par les ouvriers, s'ils ne sont propriétaires d'un immeuble autre que celui qu'ils habitent et s'ils ne cultivent pas pour eux-mêmes au delà de 45 ares, savoir:

Dans les communes de moins de 30 000 habitants, les habitations d'un revenu cadastral inférieur à . . . . fr. 102.—

Dans les communes de 30 000 à 60 000 habitants, les habitations d'un revenu cadastral inférieur à . . . . fr. 114.—

Dans les communes de 60 000 habitants ou plus, les habitations d'un revenu cadastral inférieur à . . . . fr. 132.—

Pour l'application de ces dispositions, les communes sont classées d'après la population totale constatée par chaque recensement décennal, et le revenu cadastral des habitations non encore cadastrées ou non cadastrées en parcelle distincte est déterminé comme en matière de contribution foncière.

Art. 11. Les sociétés ayant pour objet exclusif la construction, l'achat, la vente ou la location d'habitations destinées aux classes ouvrières pourront revêtir la forme anonyme ou coopérative, sans perdre leur caractère civil, en se soumettant aux dispositions, dans le premier cas, de la section IV, dans le second de la section VI et, dans les deux cas, de la section VIII de la loi du 18 mai 1873, modifiée par la loi du 22 mai 1886.

Art. 12. Les actes et procès-verbaux portant formation, modification ou dissolution de sociétés ayant pour objet les opérations énumérées à l'article 11 sont exempts du timbre et enregistrés gratis, à moins qu'ils ne renferment dis esdpositions assujetties au droit proportionnel d'enregistrement.

Les extraits, copies ou expéditions de ces actes et procès-verbaux sont également exempts du timbre.

Ils ne donnent lieu à aucun droit ni émoluments de greffe.

Art. 13. Sont exempts du timbre et de la formalité de l'enregistrement, tous actes sous signature privée ne rentrant pas dans les termes de la disposition précédente et tous registres concernant exclusivement l'administration sociale, ainsi que les procurations données par les associés pour leurs relations avec la société.

Art. 14. Les ventes et adjudications, aux sociétés préindiquées ou à des administrations publiques, d'immeubles destinés à des habitations ouvrières ne sont assujetties qu'au droit d'enregistrement de fr. 2.70 p. c. et au droit de transcription hypothécaire de fr. 0,65 p. c.

La même réduction est applicable aux ventes et adjudications, à des ouvriers, de biens immeubles destinées à leur servir d'habitations ou à la construction d'une habitation, pourvu que la contenance du fonds bâti ou non bâti n'excède pas 25 arcs. La qualité d'ouvrier et le but de l'acquisition doivent être établis par un certificat du comité de patronage, qui demeurera annexé à l'acte. Le cas échéant, la construction de la maison doit être effectuée dans le délai d'un an à compter de la date de l'acte.

Art. 15. Les actes de vente ou d'adjudication dont il s'agit à l'article précédent sont enregistrés et transcrits en débet.

Le débiteur peut acquitter en cinq termes annuels les droits liquidés sur les actes faits par lui dans le cours de chaque année. Le premier écherra le 1er mars de l'année suivante. Les sommes non acquittées par une société au moment de sa dissolution deviendront immédiatement exigibles.

Le vendeur demeure responsable des droits dus par l'acquéreur.

Art. 16. Les actes de prêt ou d'ouverture de crédit en faveur des sociétés ci-dessus désignées ou d'administrations publiques, faits en vue de la construction ou de l'achat d'immeubles destinés à des habitations ouvrières, sont enregistrés au droit de fr. 0.30 p. c. s'ils ne sont contractés que pour une année au plus, ou au droit de fr. 0,65 p. c. s'ils le sont pour plus d'une année, même dans le cas où une garantie serait fournie par un tiers.

Les quittances des sommes prêtées sont assujetties au droit de fr. 0,30 p. c.

Ces dispositions sont applicables: aux prêts, aux ouvertures de crédit faits au profit de personnes appartenant à la classe ouvrière, mais sous les conditions suivantes: 1º les fonds doivent être exclusivement destinés à l'acquisition ou à la construction d'une maison servant ou devant servir d'habitation à l'acquéreur ou à l'achat d'un terrain pour le même objet; 2º dans ce dernier cas, la maison doit être bâtie dans les dix-huit mois de l'acquisition du fonds; 3º un certificat du comité de patronage attestant le but de l'opération et la qualité de l'emprunteur doit être annexé à l'acte.

Les actes de prêt et d'ouverture de crédit doivent mentionner la destination des fonds et, le cas échéant, la qualité de l'emprunteur ou du crédité.

Sont affranchies du timbre et de l'enregistrement, les reconnaissances des sommes remises par le créditeur au crédité.

Art. 17. Dans le cas du second alinéa de l'article 14 et du nº 2º du troisième alinéa de l'article 16, si la maison n'est pas érigée dans le délai fixé, il sera dû les droits ordinaires de transmission immobilière et de transcription, de prêt ou d'ouverture de crédit, et le payement des droits ou du supplément devra avoir lieu dans les deux mois de l'expiration du délai précité.

L'action du Trésor ne sera prescrite qu'après deux ans à partir de l'expiration du même délai.

Art. 18. Le droit de timbre sur les actions et obligations émises par les sociétés désignées à l'article 11 est fixé ainsi qu'il suit:

A 5 centimes, pour celles de 50 francs et au-dessous;

A 10 centimes, pour celles de plus de 50 francs jusqu'à 100 francs;

A 20 centimes, pour celles de plus de 100 francs jusqu'à 200 francs;

Et ainsi de suite, à 10 centimes par 100 francs, sans fraction, pour celles de plus de 200 francs jusqu'à 400 francs.

Art. 19. Les écritures des comités de patronage, y compris les certificats délivrés aux ouvriers, mais à l'exclusion des actes d'emprunt ou de prêt, sont affranchies du timbre et de l'enregistrement.

Art. 20. L'article 6 de la loi du 5 juillet 1871 est abrogé.

Cependant, les habitations construites avant le 1er janvier 1889 par des sociétés anonymes ayant pour objet la construction, l'achat, la vente ou la location d'habitations destinées aux classes ouvrières continueront à jouir du bénéfice des exemptions déterminées par les articles 1er et 2 de la loi du 28 mars 1828.

La loi du 12 août 1862, concernant les droits d'enregistrement et de transcription hypothécaire, et la loi du 20 juin 1867, relative à l'anonymat des sociétés d'habitations ouvrières. sont abrogées.

Art. 21. La contribution personnelle, en ce qui concerne les deux derniers trimestres de l'exercice 1889, en y comprenant les taxes provinciales et communales, ne sera pas perçue à charge des contribuables qui, par suite de l'article 10, cesseront d'en être les débiteurs ou sera restituée à ceux qui l'auraient payée.

L'imposition sera considérée comme non avenue et elle ne comptera pas dans la formation du cens électoral. La restitution s'en fera d'office.

Anlage 3.

Vorschriften über die Gewährung von Hausbau-Prämien und Vorschüssen für die Arbeiter der Königl. Steinkohlengruben bei Saarbrücken.

§ 1. Jeder Bergmann, welcher eine Prämie oder einen Vorschufs zur Erbauung eines Wohnhauses innerhalb der festgestellten Baurayons zu erhalten wünscht, hat sich im Laufe der durch Anschlag zu bestimmenden Frist persönlich bei derjenigen Berginspektion zu melden, bei welcher er in Arbeit steht. Über die erfolgte Meldung wird ihm eine Bescheinigung ausgestellt.

§ 2. Nach Ablauf der zur Annahme von Meldungen bestimmten Frist wird die Meldeliste geschlossen.

§ 3. Durch die Meldung erlangt der sich Meldende noch keinerlei Rechte auf die erbetenen Wohlthaten, ein Anspruch auf dieselben kann vielmehr erst auf eine schriftliche Zusage der unterzeichneten Direktion gegründet werden, und erhalten alle diejenigen, welche, bevor ihnen eine solche erteilt worden, mit ihren Hausbauten beginnen, weder eine Prämie noch einen Vorschufs.

Die Bergleute werden deshalb dringend vor dem voreiligen Ankauf von Bauplätzen und Baumaterialien gewarnt.

§ 4. Darüber, ob ein Bauplatz in einem Baurayon liegt, wird auf den Berginspektionen stets Auskunft erteilt werden.

§ 5. Die Anzahl der in jedem Jahre zu bewilligenden Prämien und Vorschüsse hängt von der Höhe des hierzu bestimmten Fonds ab.

Die Verteilung desselben erfolgt zu Anfang jeden Jahres. Reichen die Prämien nicht aus, um sämtliche eingegangenen gültigen Meldungen zu befriedigen, so entscheidet unter denselben das Los. Mit der stattgehabten Verlosung sind sämtliche Meldungen endgültig erledigt. Zur Teilnahme an der nächstjährigen Bewerbung bedarf es einer erneuten Meldung im nächsten Jahre.

§ 6. Von der Bewilligung von Prämien und Vorschüssen sind ausgeschlossen diejenigen Bergleute:

1. welche durch ihre Führung Anlafs zu Unzufriedenheit geben,
2. welche weder Frau noch Kinder haben,
3. welche ihrer Militärpflicht noch nicht genügt haben,
4. welche noch nicht als ständige Knappschaftsmitglieder aufgenommen worden sind,
5. welche das 25. Lebensjahr noch nicht erreicht oder das 45. Lebensjahr schon überschritten haben,
6. deren Gesundheitszustand den Eintritt einer baldigen Invalidität erwarten läfst,
7. deren Bauplätze, obwohl innerhalb des Baurayons, doch so belegen sind, dafs die darauf zu errichtenden Häuser für den Grubenbetrieb störend werden können,
8. welche bereits ein Haus besitzen,
9. welche bereits eine Hausbauprämie erhalten haben,
10. deren Bauplätze mit Hypotheken belastet sind.

§ 7. Wer bei der Prämienverteilung berücksichtigt wird, hat binnen einer ihm von der Berginspektion bezeichneten Frist die nötigen Baupapiere beizubringen. Unterläfst er dies, so wird er aus der betreffenden Liste gestrichen, und über die ihm zugedachte Prämie anderweitig verfügt.

§ 8. Vor Beginn des Hausbaues hat der Bauende sich bei dem ihm bezeichneten Bauwerkmeister zu melden, welcher ihm mit Rat und That zur Hand gehen und die Überwachung des Baues nach Mafsgabe der nachfolgenden Bestimmungen übernehmen wird.

§ 9. Das zu prämiierende Haus mufs einschliefslich der Umfassungsmauern mindestens 40 qm Grundfläche und aufser der Küche noch drei bewohnbare Räume haben, sowie in diesen vier Räumen wenigstens 32 qm Grundfläche enthalten.

Dasselbe mufs ferner aus gutem und dauerhaftem Material und in guter Bauweise ausgeführt, sowie innerhalb eines Jahres, von der aufzunehmenden Prämienobligation an gerechnet, vollendet werden.

Der Fufsboden eines jeden Wohnraumes mufs mindestens 45 cm über dem umgebenden Terrain liegen, und letzteres vom Hause ab nach allen Richtungen abfallen.

Umfassungsmauern von Wohnräumen im Kellergeschofs, welche an Erde oder Fels stofsen und nicht 45 cm unter dem Fufsboden frei liegen können, müssen im Innern mit einer 10 cm starken Backsteinverblendung mit 5 cm Luftschicht aufgeführt werden.

Diese Luftschicht mufs mit der Atmosphäre in Verbindung stehen und 45 cm unter den Fufsboden reichen.

Dächer, welche nicht einen Vorsprung von mindestens 60 cm vor die Mauerflucht haben, sind mit Dachrinnen und Abfallröhren zu versehen.

Wenn in einem Baurayon die vorgesetzte Berginspektion noch den Erlafs besonderer Vorschriften in betreff der Bauausführung für nötig erachten sollte, so sind die Bauenden auch zur Befolgung dieser Vorschriften verpflichtet.

§ 10. Für ein nach vorstehenden Bestimmungen gebautes Haus wird eine Prämie gewährt, wenn die bewohnbare Fläche beträgt:

32	bis	34,9	qm	750 ℳ
35	„	37,9	„	765 „
38	„	40,9	„	780 „
41	„	43,9	„	795 „
44	„	46,9	„	810 „
47	„	49,9	„	825 „
50	„	53,9	„	840 „
54	„	57,9	„	855 „
58	„	61,9	„	870 „
62	„	65,9	„	885 „
66 u. darüber			„	900 „

Hausflur, Speicher, Dachkammer, Keller und Stall werden hierbei nicht berücksichtigt.

Der die Höhe der Prämie bestimmende Flächeninhalt der bewohnbaren Räume wird aus einer, auf Kosten des Prämienempfängers und auf Veranlassung der Bergwerksdirektion von dem betreffenden Bauwerkmeister aufzunehmenden Zeichnung ermittelt.

§ 11. Diejenigen Bergleute, welche zur Erbauung eines Hauses eine Prämie erhalten haben, sind verpflichtet, dasselbe während 10 Jahren, vom Empfang derselben an gerechnet, selbst zu bewohnen und die von ihnen etwa nicht benutzten Räumlichkeiten nur an Bergarbeiter im aktiven Dienste der Königlichen Steinkohlengruben zu vermieten.

Sollten Umstände eintreten, welche die Veräufserung des Hauses wünschenswert oder notwendig machen, so darf diese Veräufserung während des angegebenen Zeitraumes nur an einen Bergmann im aktiven Dienste der Königlichen Gruben und nur mit Zustimmung der Bergwerksdirektion hinsichtlich der Persönlichkeit des Erwerbers erfolgen.

Das Haus darf an den Ankäufer nur unter denselben Bedingungen und Verpflichtungen, unter denen es der Verkäufer besessen hat, übertragen werden.

Ferner dürfen während 10 Jahren, vom Empfange der Prämie an gerechnet, Gast- oder Schenkwirtschaften, sowie offene Ladengeschäfte in den prämiierten Häusern nicht eröffnet werden. Ausnahmen hiervon sind nur mit ausdrücklicher Genehmigung der Bergwerksdirektion gestattet.

§ 12. Im Falle der Zuwiderhandlung gegen diese Vorschriften oder im Falle sonst, z. B. durch freiwilliges Verlassen der Grubenarbeit oder durch Begehen eines Disziplinarvergehens oder eines gemeinen Verbrechens oder Vergehens, welches die Ablegung des Prämienempfängers auf immer nach sich zieht, das Haus der Zweckbestimmung der Prämie, es 10 Jahre als Bergmannswohnung zu erhalten, entzogen wird, ist die gezahlte Prämie sofort gegen die Empfänger derselben, resp. deren Erben und Rechtsnachfolger, rückforderbar.

Eine Ausnahme tritt nur ein im Falle des Todes des Prämienempfängers oder im Falle seiner unverschuldeten Invalidisierung.

Die Verpflichtung, das Haus nicht anders als an einen Bergmann der Königlichen Gruben zu vermieten oder zu verkaufen, bleibt jedoch auch in diesen Fällen bestehen.

§ 13. Die Bauvorschüsse werden bis zu 1500 ℳ gewährt und sind zinsenfrei.

Die Auszahlung derselben erfolgt erst nach Beginn und nach Mafsgabe des fortschreitenden Baues gegen desfallsige Atteste des Bauwerkmeisters. Auch erfolgt die Auszahlung in der Regel nicht direkt an die bauenden Bergleute selbst, sondern in deren Gegenwart und gegen deren Quittung an die Bauhandwerker und die Lieferanten der Baumaterialien.

In gleicher Weise können auch auf die Bauprämie bis zu einer von der Berginspektion zu bestimmenden Höhe Abschlagszahlungen gewährt werden.

§ 14. Die Rückzahlung der Bauvorschüsse erfolgt in monatlichen Raten von 3 bis 15 ℳ, und müssen dieselben jährlich mindestens 10 % der ganzen Vorschufssumme betragen.

Die Rückzahlung beginnt, sobald der Vorschufs ganz ausbezahlt ist.

§ 15. In denselben Fällen, in welchen die Prämie rückforderbar wird, ist auch der Bauvorschufs sofort und ohne vorherige Aufkündigung rückzahlbar.

Dasselbe ist aufserdem noch der Fall, wenn die vorgeschriebenen Rückzahlungen nicht rechtzeitig erfolgen.

§ 16. Jedes Haus, auf welches eine Prämie gewährt worden ist, mufs nach seiner Vollendung zu seinem wahren Bauwerte bei der Rheinischen Provinzialfeuersozietät gegen Feuerschaden versichert, und diese Versicherung bis zum Ablauf der 10 Jahre (§ 11) durch pünktliche Entrichtung der Beiträge erhalten werden. — Im Unterlassungsfalle bewirkt die Grubenkasse die Versicherung auf Kosten des betreffenden Hausbesitzers.

Saarbrücken, den 20. Juni 1882.

Königliche Bergwerksdirektion.

Anlage 4.

Auszug aus dem Statut der Berliner Baugenossenschaft (Eingetragene Genossenschaft).

§ 1. Firma, Zweck und Sitz der Genossenschaft. Die Berliner Baugenossenschaft, E. G., hat den Zweck, billige und gesunde Wohnungen in Berlin und Umgegend (zunächst in Adlershof) für ihre Mitglieder zu beschaffen. Die Genossenschaft hat ihren Sitz und Gerichtsstand in Berlin.

§ 2. Erwerb der Mitgliedschaft. Personen, die sich durch Verträge verpflichten können, erwerben die Mitgliedschaft durch Unterschrift des Statuts oder durch schriftliche Beitrittserklärung.

§ 3. Endigung der Mitgliedschaft. Der Austritt eines Mitgliedes kann nur am Schlusse des Geschäftsjahres nach vorheriger, mindestens viermonatlicher Aufkündigung erfolgen. Ausscheidende Mitglieder behalten keinen Anspruch am Reservefonds oder am sonstigen Vermögen der Genossenschaft. Ihr Geschäftsanteil wird ihnen binnen drei Monaten nach dem Ausscheiden ausbezahlt. Ausgeschlossen kann ein Mitglied nur durch die Generalversammlung werden auf übereinstimmenden Antrag des Vorstandes und Aufsichtsrats. Für ein durch Wegzug aus dem statutarisch festgesetzten Bezirke (§ 1) ausscheidendes Mitglied gelten dieselben Bestimmungen, der Vorstand kann demselben jedoch einen angemessenen Vorschufs auf seinen Geschäftsanteil bewilligen.

§ 4. Rechte der Mitglieder. Die Mitglieder sind berechtigt:

1. mit gleichem Stimmrecht an den Beschlüssen und Wahlen der Generalversammlung teilzunehmen;
2. einen Geschäftsgewinn nach Mafsgabe der §§ 6 und 16 zu beanspruchen;
3. bei allen Verkäufen und Vermietungen von Wohnungen und Grundstücken in Gemäfsheit der §§ 9—12 berücksichtigt zu werden.

§ 6. Geschäftsanteile der Mitglieder und Eintrittsgeld. Jedes Mitglied ist zur Erwerbung mindestens eines Geschäftsanteiles im Betrage von 200 ℳ verpflichtet, welcher entweder beim Eintritt auf einmal oder durch Wochenbeiträge von mindestens 40 ₰ allmählich abgezahlt werden kann. Ueber den Geschäftsanteil wird ein Guthabenbuch ausgestellt. Mehr als zehn Geschäftsanteile darf kein Mitglied besitzen.

Die Mitglieder können mit Genehmigung des Vorstandes einen zweiten und jeden folgenden Geschäftsanteil auf andere Mitglieder übertragen, sonst darf aber über dieselben in keiner Weise verfügt werden, namentlich sind andere als die eben erwähnte Cession oder Verpfändungen der Genossenschaft gegenüber unverbindlich. Die Dividende, die bis dahin dem Mitgliede in einem besonderen Konto gutgeschrieben wird, zu erheben, resp. zur Bildung eines neuen Geschäftsanteiles zu verwenden, steht dem Mitgliede erst nach Erreichung des Vollbetrages eines Geschäftsanteiles zu.

§ 7. Erbauung von Häusern. Über den Umfang der Verwendung zum Bau oder Erwerb von Häusern und Terrain entscheidet die Generalversammlung, über den Preis der Häuser, ferner über Festhaltung des Bauplanes und der Erwerbs- und Vermietungsbedingungen entscheiden Vorstand und Aufsichtsrat. — Überschiefsende Mittel werden bei Sparkassen oder in gleicher Weise wie Mündelgelder sicher angelegt.

§ 8. Berechtigung zum Erwerbe eines Hauses. Berechtigt zum Erwerbe eines Hauses sind nur Mitglieder, welche zu der Zeit, wo über dasselbe verfügt wird, auf einen Geschäftsanteil mindestens 20 ℳ eingezahlt, seit wenigstens einem halben Jahre der Genossenschaft angehört und sich zur Erfüllung der Erwerbsbedingungen verpflichtet haben.

§ 9. Erwerbsbedingungen. Die Häuser, die den Mitgliedern zu eigentümlichem Erwerbe überlassen werden, gehören so lange der Genossenschaft, bis ein Drittel des Kaufpreises bezahlt ist. Dann erfolgt die Übertragung zu Eigentum und Eintragung im Grundbuche auf den Namen des Besitzers, der Rest des Kaufgeldes verbleibt auf dem Grundsücke als Hypothek zur ersten Stelle. Kein Mitglied kann mehr als ein Haus besitzen.

§ 10. Miete. Bis zum eigentümlichen Erwerbe des Hauses ist für dasselbe aufser den Abträgen eine der Verzinsung des Kaufpreises entsprechende Miete zu entrichten. Falls das Haus mehrere Wohnungen enthält, ist der Erwerber desselben zur Zahlung der Miete für das ganze Haus verpflichtet.

§ 11. Veraftermietung. Wenn ein Haus mehr als eine Wohnung enthält, so kann der Besitzer die von ihm nicht benutzte Wohnung zu den von Vorstand und Aufsichtsrat festgesetzten allgemeinen Bedingungen vermieten.

Die Einziehung der Miete ist seine Sache.

§ 12. Vergebung der Häuser. Bis zum Verfügungstermine über die zur Vergebung gelangenden Häuser, der nebst den Erwerbsbedingungen, den Preisen etc. zeitig vorher bekannt gemacht wird, haben sich die Mitglieder, die den Erwerb eines Hauses beabsichtigen, unter Nachweis der Fähigkeit zur Innehaltung der Bedingungen und Zahlung des Preises, beim Vorstande zu melden. Übersteigt die Zahl der als befähigt erkannten Bewerber diejenige der zur Verfügung stehenden Häuser, so entscheidet das Los.

§ 16. Reingewinn. Der Überschufs der Aktiva über die Passiva bildet den Reingewinn.

Von dem Reingewinn werden zuerst mindestens 10% abgezogen und dem Reservefonds zugeschlagen.

Der hiernach verbleibende Reingewinn wird, soweit er nicht nach den Beschlüssen der Generalversammlung zu anderen Zwecken verwendet wird, an die Mitglieder nach Höhe der von jedem auf seinen Geschäftsanteil gemachten Einzahlungen und diesem zugeschriebenen Gewinnanteilen am Jahresschlusse als Dividende gewährt.

§ 18. Zusammensetzung und Wahl des Vorstandes. Der Vorstand der Genossenschaft besteht aus mindestens drei und höchstens fünf Mitgliedern. Dieselben werden auf Vorschlag des Aufsichtsrats von der Generalversammlung auf nicht länger als drei Jahre gewählt, und zwar der Vorsitzende, dessen Stellvertreter und der Kassierer zuerst in getrennten Wahlgängen, die Beisitzer, wenn solche gewählt werden sollen, in einer Wahlhandlung zusammen.

§ 29. Bildung des Aufsichtsrates. Der Aufsichtsrat besteht aus zwölf Personen, welche von der Generalvesammlung aus den Mitgliedern der Genossenschaft gewählt werden. Vorstandsmitglieder dürfen dem Aufsichtsrate nicht angehören.

§ 34. Die Generalversammlung. Die oberste Entscheidung über alle Angelegenheiten der Genossenschaft steht der Generalversammlung zu, in welcher jedes Mitglied ohne Rücksicht auf die von ihm besessene Zahl von Geschäftsanteilen eine Stimme führt.

§ 35. Gegenstände der Beschlufsfassung der Generalversammlung. Der Beschlufsfassung der Generalversammlung unterliegen insbesondere:

1. Abänderungen und Ergänzungen des Statuts.
2. Auflösung und Liquidation des Vereins.
3. Wahl der Mitglieder des Vorstandes und des Aufsichtsrates. Bestimmung der Remuneration des Vorstandes und der Kaution des Kassierers.
4. Entscheidung über die gegen die Geschäftsführung des Vorstandes und Aufsichtsrates erhobenen Beschwerden und über etwaige Meinungsverschiedenheiten zwischen Vorstand und Aufsichtsrat, sowie die Genehmigung der die Geschäftsführung des Vorstandes und Aufsichtsrats regelnden Instruktion.
5. Verfolgung von Rechtsansprüchen gegen die Mitglieder des Vorstandes; die endgültige Enthebung derselben von ihren Ämtern.
6. Die Verfolgung von Rechtsansprüchen gegen Mitglieder des Aufsichtsrates und Enthebung derselben von ihren Ämtern, sowie die Wahl der zum Zweck der Rechtsverfolgung gegen die Mitglieder des Aufsichtsrates zu bestellenden Bevollmächtigten, deren Legitimation durch Abschrift des betreffenden Generalversammlungsbeschlusses geführt wird.
7. Erwerb, Veräufserung und Belastung von Grundeigentum.
8. Entlastung des Vorstandes nach der jährlichen Rechnungslegung.
9. Bestimmung über die Verteilung des Gewinnes.
10. Entscheidung von Streitigkeiten über Inhalt und Sinn des Statuts und der Gesellschaftsbeschlüsse.
11. Bestimmung des Höchstbetrages, welchen die Anleihen der Genossenschaft nicht überschreiten dürfen.
12. Ausschliefsung von Mitgliedern.
13. Anschlufs an genossenschaftliche Verbände und Austritt aus denselben.

Anlage 5.

Statuten der Namenlosen Genossenschaft „Gemeinschaftliches Eigentum“ in Hof bei Delft.

Art. 1. Benennung und Sitz der Genossenschaft. Die Genossenschaft trägt die Bezeichnung „Gemeinschaftliches Eigentum, Gesellschaft zur Beschaffung der ersten Lebensbedürfnisse“. Sie hat ihren Sitz zu Hof bei Delft.

Art. 2. Zweck. Die Gesellschaft hat den Zweck:

1. Ankauf, Bau und Vermietung von gesunden Wohnungen, Kosthäusern, Werkstätten, Winkeln oder Läden, Wasch- und Badeeinrichtungen, sowie den Grund und Boden im „Agneta-Park“ oder ein anderes Terrain in der Nähe der Niederländischen Hefe- und Spiritusfabrik dazu anzukaufen;
2. Betrieb von Kleinhandel in Artikeln für die täglichen Lebensbedürfnisse;
3. Anlage von Einrichtungen zur Entwicklung von Geist und Körper auf dem von ihr angekauften Grund und Boden oder dem bebauten Eigentum,

in erster Reihe zum Gebrauche für die Familien des Personals der Hefe- und Spiritusfabrik.

Art. 3. Dauer. Die Genossenschaft beginnt mit dem Tage des Inkrafttretens dieses Aktes über die Errichtung und endigt am 31. Dezember 1924 mit Ausnahme einer früheren Auflösung infolge gesetzlicher Bestimmungen oder des Aufhörens dieses Aktes.

Art. 4. Kapital. Das Kapital der Genossenschaft beträgt Einhundertundsechszigtausend Gulden, verteilt in:

320 Stammanteile auf Namen, jeder hundert Gulden betragend; diese Anteile sind bei der Gründung alle plaziert und voll eingezahlt; und 1280 Sparanteile, jeder von hundert Gulden und auf den Namen des Inhabers lautend, deren Einschreibungen nach den Bestimmungen der Art. 6 und 26 dieser Statuten erfolgen.

Die nicht plazierten Sparanteile müssen binnen 30 Jahren von heute ab plaziert sein, mit Ausnahme einer Verlängerung dieses Termins nach Erlangung königlicher Bewilligung.

Art. 5. Anteilscheine Die Stammanteilscheine und die Sparanteilscheine haben verschiedene Form; jede besondere Sorte ist durchlaufend nummeriert und unterzeichnet vom Direktor und zwei Kommissaren.

Jedem Anteilscheine wird ein Talon von Dividendenscheinen beigefügt, welcher dieselbe Nummer trägt wie der Anteil, zu welchem er gehört.

Art. 6. Sparanteilscheine. Die Einschreibung von Sparanteilen geschieht in einem Sparanteilbuche. Sobald der eingeschriebene Betrag in einem dieser Bücher die Summe von hundert Gulden erreicht hat, wird diese Summe von dem Buche abgeschrieben, und erhält der betreffende einen Sparanteilschein (vgl. Art. 4).

Art. 7. Teilhaberregister. Die Namen der Teilhaber am Stammkapital und am Sparkapital werden in die dazu bestimmten Register eingetragen, welche in dem Kontor der Genossenschaft ruhen. Der Eigentumsübergang von Anteilen oder Sparanteilbüchern geschieht durch eine Erklärung, welche in die Register eingeschrieben und von dem oder den Genossen und dem Empfänger unterzeichnet wird; aufserdem wird dieser Eigentumsübergang auf den Anteil oder in das Sparanteilbuch vorgemerkt, welche Vermerkung von einem der Direktoren und zwei Kommissaren unterzeichnet wird. — Die Genossenschaft erkennt nur einen Eigentümer für jeden Anteil oder jedes Sparanteilbuch an.

Art. 8. Ableben von Anteilhabern. Beim Ableben eines Genossen sind die Erben verpflichtet, binnen drei Monaten nach dem Tode desselben der Verwaltung der Genossenschaft mitzuteilen, wer von ihnen in die Rechte des Verstorbenen hinsichtlich der Aufsicht über jeden seiner Anteile und über sein Sparanteilbuch eingetreten ist.

Art. 9. Verkauf von Anteilen. Wenn ein Teilhaber des Sparkapitals einen oder mehrere seiner Anteile oder sein Sparanteilbuch zu verkaufen wünscht, so gibt er der Verwaltung der Genossenschaft davon Kenntnis, damit sie sich mit dem Verkaufe an den meistbietenden der Genossen in der nächsten Generalversammlung befasse und das nötige für die Übertragung veranlasse.

Art. 10. Obligationen. An Stelle des nicht plazierten Kapitals werden bei Errichtung der Genossenschaft al pari 128 Obligationen auf den Inhaber ausgegeben, jede in Höhe von 1000 Gulden; je nach Vereinbarung mit den Inhabern werden die Bestimmungen über Rente und Ablösung festgesetzt.

Die Verwaltung kann die Besitzungen der Genossenschaft als Bürgschaft für die Befolgung ihrer Verpflichtungen den Obligationsinhabern gegenüber verpfänden.

Art. 11. Verwaltung. Die Verwaltung der Genossenschaft ist dem Direktor übertragen unter der Beaufsichtigung von sieben Kommissaren. — Sie erhalten für ihre Bemühungen keinerlei Besoldungen. — Der Direktor mufs Inhaber von mindestens fünfzig Stamm- oder Sparanteilen sein.

Der Direktor sowohl als fünf Kommissare werden von der Generalversammlung der Anteilhaber gewählt. Jedes Jahr tritt nach bestimmter Reihenfolge einer dieser Kommissare zurück; das erste mal ist der Rücktritt durch das Loos zu bestimmen. — Zwei der Kommissare werden jedesmal für den Zeitraum von fünf Jahren von Herrn J. C. van Marken jr., oder nach seinem Tode von seinem Rechtsnachfolger im Besitz des „Agneta-Park" ernannt. — Abtretende Kommissare sind wieder wählbar.

Für das erste mal werden ernannt: zum Direktor Herr J. C. van Marken jr. und zu Kommissaren die Herren . . .

Art. 12. Der Direktor Der Direktor vertritt die Genossenschaft in ihren Rechten nach aufsen.

Ihm ist die Verwaltung der Genossenschaft in ihrem ganzen Umfange anvertraut, doch kann er, unter Billigung der Kommissare, an eine oder mehrere Personen zur Leitung der verschiedenen Geschäfte des Unternehmens Vollmachten erteilen. — Er ernennt und entläfst die Beamten und das übrige

Dienstpersonal der Genossenschaft und stellt ihre Besoldungen und Instruktionen fest. — In Übereinstimmung mit den Kommissaren bestimmt er die Mietpreise der Wohnungen sowie das Reglement für die Vermieter. – Er trägt dafür Sorge, dafs die unbeweglichen und beweglichen Güter der Genossenschaft gehörig gegen Brandschaden versichert werden.

Bei dem Ableben des Direktors und in allen anderen Fällen, wo er verhindert ist, die Verwaltung zu führen, wird die Verwaltung zeitweilig von den Kommissaren versehen.

Art. 13. Suspension und Entlassung. Die Kommissare sind befugt, den Direktor zu suspendieren, der Direktor mufs aber deshalb gehört werden; ein derartiger Beschlufs kann auch nur mit mindestens fünf Stimmen gefafst werden. Innerhalb eines Monats nach der Suspension hat eine Generalversammlung stattzufinden, in welcher die Kommissare die Ursachen, auf welche sich ihr Beschlufs gründet, mitteilen und dann, wenn sie die Suspension nicht zurückgenommen haben, die Entlassung des Direktors beantragen; es kann aber keine Entlassung erfolgen, ohne dafs dem Direktor Gelegenheit gegeben wurde, sich zu verantworten.

Art. 14. Kommissare. Die Kommissare üben ihre Kontrolle so oft aus, als sie diese für nötig erachten. Sie erwählen aus ihrer Mitte einen Vorsitzenden und regeln die gegenseitige Verteilung ihrer Obliegenheiten. — Der Direktor ist verpflichtet, jedem Kommissar besonders oder allen zusammen, wenn sie dies verlangen, Einsicht zu gestatten in alle Bücher, Dokumente, Korrespondenzen und die Kasse, und ihnen alle verlangte Auskunft zu erteilen. — Die Kommissare versammeln sich mit dem Direktor, so oft sie dieses für nötig erachten, doch mindestens einmal im Laufe von drei Monaten. Über ihre Versammlungen werden Notizen geführt, welche in ein dazu bestimmtes Buch eingeschrieben und von dem Vorsitzenden und dem Direktor und einem der Kommissare unterschrieben werden. — Jeder Kommissar kann von dem Vorsitzenden oder dessen Stellvertreter die Einberufung einer Versammlung fordern; hat dieser acht Tage nach dem Antrage keine Versammlung einberufen, so ist der Antragsteller selbst zur Einberufung befugt. — Die Kommissare beschliefsen, wie in ungewöhnlichen und eiligen Fällen zu handeln sei, welche bei diesem Entwurfe nicht vorzusehen waren.

Art. 15. Generalversammlung. Die Verwaltung beruft aufsergewöhnliche Generalversammlungen der Anteilhaber, so oft sie dieses für notwendig findet, oder auch auf Antrag von mindestens zehn Anteilhabern binnen einem Monate nach dem Eingange eines solchen Gesuches.

Alljährlich, spätestens im März, wird die gewöhnliche Generalversammlung der Anteilhaber abgehalten. — Der Aufruf zu jeder Generalversammlung und, soweit als möglich, die Mitteilung über die Gegenstände der Verhandlung erfolgt durch Bekanntmachung im „Fabrikboten“ oder mittels Einberufungsbriefen, welche mindestens acht Tage zuvor an jeden Anteilhaber abgesandt werden. — Diese Generalversammlungen werden geleitet durch den Direktor oder durch den Vorsitzenden der Kommissare. — Von den Verhandlungen in den Generalversammlungen werden Berichte gefertigt, welche in ein dazu bestimmtes Buch eingetragen, genehmigt und unterzeichnet werden von dem Präsidenten der Versammlung und einem der Anteilhaber, der von der Versammlung dazu bestimmt wird.

Art. 16. Vollmacht. Jeder Anteilhaber kann sich in der Generalversammlung durch ein anderes Mitglied mittels schriftlicher Vollmacht vertreten lassen.

Art. 17. Stimmrecht. Das Stimmrecht wird, gleichgiltig ob man als Anteilhaber oder als Bevollmächtigter handelt, ausgeübt in folgender Weise:

für weniger als 5	Anteile	gilt	eine	Stimme;
„ 6 bis zu 10	Anteilen (inkl.)	gelten	zwei	Stimmen;
„ 11 „ „ 15	„	„	drei	„
„ 16 „ „ 20	„	„	vier	„
„ 21 „ „ 25	„	„	fünf	„
„ mehr als 25	„	„	sechs	„

Art. 18. Abstimmung. In der Generalversammlung wird über alle Gegenstände (falls es in dem Statut nicht anders vorgesehen ist) auf eine für alle Teilhaber verbindliche Weise Beschlufs gefafst nach Mehrheit der dort abgegebenen Stimmen.

Über Sachen wird mündlich, über Personen mit nicht unterschriebenen Zetteln gestimmt; bei der Wahl von Personen gilt Stimmenmehrheit; bei der Abstimmung über Sachen gilt Stimmengleichheit als Verwerfung des Antrages; bei Stimmengleichheit bezüglich Personen entscheidet das Los.

Beschlüsse bezüglich der Vergröfserung oder Verminderung des Kapitals, der Veränderung der Bestimmungen dieser Statuten, der zwischenzeitlichen Auflösung unter anderen Bedingungen, als solche im Art. 33 vorgesehen, oder über Verlängerung der Genossenschaftsdauer können nur in einer ordentlichen oder aufserordentlichen Generalversammlung angenommen werden, die speziell zur Verhandlung dieser Punkte berufen wurde, und in welcher mehr als die Hälfte des Genossenschaftskapitals vertreten sein mufs. Sollte in der betreffenden Generalversammlung das erheischte Kapital nicht vertreten sein, so wird die Beschlufsfassung auf mindestens zwei Wochen vertagt; der Tag der vertagten Versammlung wird möglichst sofort von den Kommissaren festgestellt und auf die im Art. 15 angegebene Weise veröffentlicht. — In dieser Versammlung kann, des in derselben vertretenen Kapitals ungeachtet, bei genügender Mehrheit der abgegebenen Stimmen ein Beschlufs gefafst werden; alles unter Vorbehalt königlicher Bewilligung, soweit sie durch das Gesetz ausdrücklich vorgeschrieben ist.

Art. 19. Die Bilanz. Am 31. Dezember jeden Jahres, und zum ersten male am 31. Dezember 1884, werden die Bücher der Genossenschaft abgeschlossen und aus denselben binnen zwei Monaten eine Bilanz und die im folgenden Abschnitte erörterte Gewinn- und Verlustrechnung aufgestellt, welche vom Direktor unterzeichnet und den Kommissaren vorgelegt werden soll. Der Direktor legt dabei zugleich eine Abschrift von dem Berichte bei, um denselben in der Versammlung der Anteilhaber zur Kenntnis zu bringen. — Die Kommissare sollen die Bilanz sowie die Gewinn- und Verlustrechnung prüfen, mit den Büchern und Belegen vergleichen und über ihr Resultat der Generalversammlung Bericht erstatten. Bilanzabschriften und solche von der

Gewinn- und Verlustrechnung, sowie von dem Berichte des Direktors werden im „Fabrikboten" veröffentlicht oder den Anteilhabern zugesandt, zugleich mit dem Einberufungsschreiben zur Versammlung.

In der alljährlichen Generalversammlung werden die Bilanz und die Gewinn- und Verlustrechnung der Begutachtung der Anteilhaber unterworfen. Die Gutheifsung gilt als Entlastung des Direktors für alle Handlungen, welche sich in dem abgelaufenen Jahre auf Führung der Bücher beziehen; der Direktor darf bei der Abstimmung über die Bilanz nicht teilnehmen. Für den Fall, dafs die Bilanz in der Generalversammlung nicht gutgeheifsen wird, soll dieselbe einer Kommission von drei Personen aus den Anteilhabern überwiesen werden, damit diese die Bilanz, sowie Gewinn- und Verlustrechnung näher prüfen und, mit Beachtung der in der Versammlung gemachten Bemerkungen, dieselbe mit dem bestimmten Auftrage nochmals revidieren, um danach die Bilanzen definitiv festzustellen und den Direktor zu entlasten. — Bei Gutheifsung der Bilanz und der Gewinn- und Verlustrechnung durch die Versammlung sollen diese zum Beweise davon durch den Vorsitzenden und durch ein von der Versammlung dazu ernanntes Mitglied der Anteilhaber unterzeichnet werden.

Art. 20. Gewinn- und Verlustrechnung. Am Ende jeden Jahres wird von jedem Geschäftszweige der Genossenschaft eine besondere spezifizierte Abrechnung erstattet.

Jede Rechnung wird belastet mit einer Rente von dem Kapital, welches in dem Geschäftsbetriebe, über welchen sie lautet, gebraucht ist, und mit Nachweis aller Unkosten, welche auf diesen Betrieb entstanden sind. — Die Überschüsse dieser Rechnungen, das Saldo der Interessenrechnung, sowie die allgemeinen Kosten für Verwaltung der Genossenschaft, die nicht als auf einem ausdrücklichen Betriebszweige lastend angesehen werden können, werden auf die allgemeine Gewinn- und Verlustrechnung übernommen.

Art. 21. Verluste. Wenn eine oder mehrere der im Art. 20 berührten spezifizierten Rechnungen Verluste nachweisen, so werden diese Verluste gedeckt aus dem Reservefonds. Wenn dieser Fonds unzureichend ist, wird die allgemeine Gewinn- und Verlustrechnung mit diesen Verlusten belastet. — Wenn die allgemeine Gewinn- und Verlustrechnung einen Verlust nachweist, so wird dieses Defizit aus dem Reservefonds gedeckt. — Falls dieser Fonds unzureichend ist, bleibt die Gewinn- und Verlustrechnung mit diesem Verluste belastet, und findet keine Gewinnverteilung statt, bis der Verlust ausgeglichen ist.

Art. 22. Gewinnverteilung. Wenn der Gewinn von dem gezahlten Stammkapital 5 % oder weniger beträgt, so wird derselbe ganz an die Teilhaber dieses Kapitals verteilt. Ist der Gewinn geringer als 5 % des gezahlten Stammkapitals, so finden in den folgenden Jahren keine Verteilungen an die Teilhaber des Sparkapitals noch auch Beischreibungen zu dem Sparkapital statt, bis der in den Vorjahren entstandene Ausfall für die Teilhaber des Stammkapitals gedeckt ist.

Wenn nach Zahlung von 5 % an die Teilhaber des gezahlten Stammkapitals der Gewinn 3 % oder weniger für das gezahlte Sparkapital beträgt, so wird dieser an die Teilhaber des Kapitals voll ausgezahlt. Beträgt dieser

Teil des Gewinnes weniger als 3% von dem gezahlten Sparkapital, so finden keine Beischreibungen zum Sparkapital statt, bis der in den Vorjahren eingetretene Ausfall für die Teilhaber des Sparkapitals ausgeglichen ist.

Die Dividende für die Inhaber von Sparanteilbüchern wird berechnet nach der Anzahl voller Gulden, welche in jedem Buche eingetragen sind.

Art. 23. Reservefonds. Wenn am Jahresschlusse, nach Zahlung aller Ausfälle der Vorjahre, 5% an die Teilhaber des Stammkapitals und 3% an die Teilhaber des Sparkapitals entrichtet sind, und ein Reingewinn übrig bleibt, so wird von diesem Gewinne die Summe von 10% in den Reservefonds gezahlt, bis der Betrag von 10000 Gulden erreicht ist.

Art. 24. Aufsergewöhnliche Gewinnbestimmung. Die Generalversammlung kann, wenn sie es ratsam findet, über die im vorhergehenden Artikel berührten Reingewinne im Betrage bis 10% zu Gunsten von Zwecken bestimmen, welche im gemeinschaftlichen Interesse aller oder im Privatinteresse einzelner Anteilhaber liegen.

Art. 25. Gewinnüberschufs. Der Gewinnüberschufs wird verteilt unter die verschiedenen Betriebszweige des Unternehmens nach Höhe der Gewinnziffer, welche aus den im Art. 20 berührten spezifizierten Rechnungen im Betriebe als Belegen ersichtlich sind. Der solchergestalt für jeden Betriebszweig festgestellte Gewinn wird verteilt unter alle Personen, die von dem Betriebe Gebrauch gemacht haben, nach Verhältnis, wie jeder zu der Einnahme der Genossenschaft in dem betreffenden Betriebszweige beigetragen hat.

Art. 26. Beischreibung von Sparanteilen. Der Gewinnüberschufs (vgl. Art. 25) wird nicht in barem Gelde ausgezahlt. — Die zu dem Gewinnüberschusse Berechtigten erhalten denselben zu gleichem Betrage, ein jeder nach dem ihm zustehenden Teile, und zwar in Sparanteilscheinen, übereinstimmend mit der Bestimmung im Art. 6.

Art. 27. Obligationsablösung. Die flüssigen Gelder von dem nicht in barem Gelde ausbezahlten Gewinne sollen in erster Linie zur Ablösung der Obligationen (vgl. Art. 10) übereinstimmend mit dem Ablösungsplane verwendet werden.

Art 28. Ablösung von Stammanteilen. Nachdem die im Art. 10 erwähnte Geldanleihe und alle später vielleicht zu beschliefsenden Geldanleihen abgelöst worden sind, werden die im Art. 27 berührten Gelder ferner jährlich angewendet zur Ablösung von Stammaktien al pari. Die Reihenfolge der Ablösung wird durch Ziehung der Nummer in der Generalversammlung festgestellt. Für die Inhaber abgelöster Stammanteile treten zu demselben Betrage Inhaber von Sparanteilen oder von Sparanteilbüchern ein.

Art. 29. Erste Ablösung von Sparanteilen. Nachdem alle Anteile vom Stammkapital abgelöst sind, sollen die im Art. 27 erwähnten Gelder alljährlich zur Ablösung al pari der ältesten oder zuerst ausgegebenen Sparanteile verwendet werden. Wenn verschiedene Anteile zu derselben Zeit ausgegeben worden sind, so wird die Reihenfolge der Ablösung durch Ziehung der Nummern in der Generalversammlung festgestellt. Für die Inhaber der abgelösten Sparanteile treten zu demselben Betrage neue Inhaber von Sparanteilen oder von Sparanteilbüchern in die Reihe.

Art. 30. Fernere Ablösung von Sparanteilen. Wenn alle Sparanteile einmal abgelöst sind, werden die Sparanteile aufs neue auf dieselbe Weise und in derselben Reihenfolge abgelöst in der Art, dafs jedesmal mit dem Überschufs der zuletzt erzielten Gewinne die Teilhaber der ältesten Anteile des Kapitals abgelöst werden al pari ihrer Anteile.

Art. 31. Belegung und Verwendung des Reservefonds. Die Belegungsweise des Reservefonds wird durch die Verwaltung geregelt.

Die übrig bleibenden Renten werden alljährlich zu dem Reservefonds gelegt, bis das im Art. 23 bezeichnete Maximum erreicht ist, und werden erst danach in die Gewinn- und Verlustrechnungen aufgenommen.

Die Generalversammlung kann auf Vorschlag der Verwaltung beschliefsen, auch aufsergewöhnliche Ausgaben aus dem Reservefonds zu decken.

Art. 32. Aufbewahrung von Wertgegenständen Die nicht ausgegebenen Sparanteile und die eingelösten Obligationen und Stammanteile, sowie alle der Gesellschaft gehörenden Effekten und Wertgegenstände mit Ausnahme der Geldsummen, welche bei dem Kassierer der Genossenschaft deponiert, oder für den täglichen Bedarf nötig sind, werden in einen feuerfesten Geldschrank mit zwei ordentlich eingerichteten Schlössern eingeschlossen, zu welchen einer der Schlüssel bei dem Direktor und der andere bei einem der Kommissare deponiert sein soll.

Art. 33. Liquidation. Wenn das Genossenschaftskapital einen Verlust von 25 pro 100 erlitten hat, so soll in der nächstfolgenden Generalversammlung, unter Beachtung von Art. 47 des Gesetzbuches für Kaufhandel, überlegt und zum Beschlusse erhoben werden, ob zur Liquidation übergegangen werden soll. — Bei einer Liquidation soll, nachdem alle Schulden der Genossenschaft geregelt sind, den Teilhabern der Stammanteile der Vorrang gegeben werden mit dem vollen Betrage ihrer Anteile. — Bei dem Liquidationsbeschlusse wird zugleich die Liquidationsweise durch die Versammlung festgestellt, und der Liquidator oder die Liquidatoren ernannt.

Art. 34. Schlufsbemerkung. Alle Uneinigkeiten, mögen diese nun mittelbar oder unmittelbar aus diesen Statuten entstehen oder auf unsere Genossenschaft Beziehung haben, sollen, unter Verzichtleistung auf alle gewöhnlichen oder aufsergewöhnlichen Rechtsmittel, als in höchster Instanz geschlichtet werden durch drei unparteiische Schiedsleute, welche als Schiedsrichter ein definitives Urteil fällen sollen, ohne an die Formen der Rechtspflege gebunden zu sein, und die, falls über ihre Wahl kein Übereinkommen zu Stande kommt, vom Kantonrichter zu Delft ernannt werden sollen.

Anlage 6.

Satzungen des Gemeinnützigen Bauvereins zu Dresden.[1])

Behufs Errichtung einer gemeinnützigen Aktiengesellschaft zum Bau von Häusern mit kleinen und mittleren Wohnungen haben die Unterzeichneten folgenden Gesellschaftsvertrag festgestellt.

---

[1]) Arbeiterfreund XXIX, 1. Heft. Berlin 1891.

Satz 1. Firma und Sitz der Gesellschaft. Die Gesellschaft führt den Namen »Gemeinnütziger Bauverein« und hat ihren Sitz in Dresden.

Satz 2. Gegenstand des Unternehmens. Der Verein bezweckt zunächst den Bau bez. Erwerb von Häusern behufs Beschaffung gut eingerichteter, gesunder und billiger kleiner und mittlerer Wohnungen für eine gröſsere Anzahl von Familien, nimmt aber auch den Bau von Einzel-Familienhäusern, welche von den Vereinsmitgliedern eigentümlich erworben werden können, in Aussicht.

Satz 3. Höhe des Grundkapitals, Höhe und Art der einzelnen Aktien. Das Grundkapital der Gesellschaft besteht in 200000 ℳ, verteilt in 1000 auf den Namen lautenden Aktien zu je 200 ℳ, deren Übertragung auf Dritte an die Einwilligung der Gesellschaft gebunden ist. Zu dieser Einwilligung ist die Zustimmung des Aufsichtsrats und der Generalversammlung erforderlich. — Nach vollständiger Einzahlung des Grundkapitals kann dasselbe durch Beschluſs der Generalversammlung erhöht werden.

Satz 4. Vor der endgültigen Errichtung der Gesellschaft ist mindestens ein Vierteil des Nominalbetrages jeder Aktie bei dem Vorstande der Gesellschaft einzuzahlen. — Die Einforderung des Restes erfolgt infolge Beschlusses des Aufsichtsrates der Gesellschaft je nach Bedürfnis in Raten von nicht über 15 % des Nominalbetrages. — Im Falle verzögerter Einzahlung erfolgt an die säumigen Gesellschafter eine briefliche Aufforderung zur Zahlung innerhalb einer Frist von vierzehn Tagen unter Androhung ihres Ausschlusses mit dem Anteilsrechte durch besonderen Erlaſs. — Die Vollzahlung der Aktien ist jederzeit zulässig.

Satz 5. Bekanntmachungen. Die von der Gesellschaft ausgehenden Bekanntmachungen erfolgen, soweit nicht besonderer brieflicher Erlaſs an die einzelnen Aktionäre in diesen Satzungen vorgeschrieben ist, in dem »Deutschen Reichsanzeiger« und in dem jeweiligen Amtsblatte des Rats zu Dresden. — Die Bekanntmachungen erfolgen in der Form, daſs, wenn dieselben vom Vorstande ausgehen, im Falle der Wahl mehrerer Vorstandsmitglieder, mindestens zwei Mitglieder, wenn die Bekanntmachungen aber vom Aufsichtsrate ausgehen, dessen Vorsitzender oder sein Stellvertreter der Firma der Gesellschaft ihren Namen beifügen.

Satz 6. Die Kosten der Gründung der Gesellschaft bestehen in 1000 ℳ für Annoncen in Zeitungen, 1000 ℳ Druckkosten für die Zeichnungsscheine, Prospekte u. s. w., 750 ℳ Bankierspesen, 500 ℳ Gerichts- und Notariatskosten.

Satz 7. Das Geschäftsjahr der Gesellschaft läuft vom 1. April bis 31. März. Das erste Geschäftsjahr endigt mit dem 31. März 1888.

Satz 8. Verfassung der Gesellschaft. Die Interessen der Gesellschaft werden wahrgenommen:

1. durch den Vorstand,
2. durch den Aufsichtsrat,
3. durch die Gesamtheit der Aktionäre in der Generalversammlung.

Satz 9. Der Vorstand. Der Vorstand der Gesellschaft besteht aus einem oder mehreren, jedoch höchstens drei Mitgliedern, deren Zahl der Aufsichtsrat bestimmt und welche von demselben gewählt werden. Bei der Wahl der Vorstandsmitglieder müssen sich wenigstens acht Mitglieder des

Aufsichtsrats beteiligt haben. Zur rechtsverbindlichen Zeichnung für die Gesellschaft ist, falls mehrere Vorstandsmitglieder gewählt werden, die Unterschrift zweier Mitglieder des Vorstandes erforderlich.

Satz 10. Der Vorstand vertritt die Gesellschaft und hat alle Rechte und Pflichten, welche dem Vorstande einer Aktiengesellschaft gesetzlich zustehen, beziehentlich obliegen. — Derselbe verwaltet sein Amt an sich unentgeltlich. Bare Auslagen werden erstattet. — Die Generalversammlung kann den Vorstandsmitgliedern eine Entschädigung für ihre Mühewaltungen zubilligen.

Satz 11. Die Vorstandsmitglieder können aus gewichtigen Gründen während der Zeit, auf welche sie gewählt werden, von dem Aufsichtsrate ihres Amtes enthoben werden.

Satz 12. Bei Verhinderungen eines Vorstandsmitgliedes ernennt der Aufsichtsrat einen Stellvertreter.

Satz 13. Beschränkungen der Befugnis des Vorstandes, die Gesellschaft zu vertreten, und das gegenseitige Verhältnis der Vorstandsmitglieder werden durch den Aufsichtsrat festgestellt. — Unbeschadet der Vertretungsbefugnis nach aufsen haben die Mitglieder des Vorstandes die ihnen von dem Aufsichtsrate erteilten Instruktionen zu befolgen.

Satz 14. Der Aufsichtsrat. Der Aufsichtsrat besteht aus 12 Mitgliedern und wird von der Generalversammlung gewählt. Sinkt die Zahl der Aufsichtsratsmitglieder unter acht, so sind die fehlenden für die Zeit, welche die ausgeschiedenen noch zu amtieren gehabt hätten, in einer einzuberufenden Generalversammlung neu zu wählen.

Satz 15. Die Mitglieder des Aufsichtsrates müssen Aktionäre sein. — Es ist möglichst darauf Rücksicht zu nehmen, dafs in dem Aufsichtsrate alle Klassen der Aktionäre vertreten sind, Grofs- und Klein-Gewerbtreibende, Arbeitnehmer, Beamte, Studierte.

Satz 16. Die Mitglieder des Aufsichtsrates werden in der konstituierenden Generalversammlung bis zur nächsten ordentlichen Generalversammlung gewählt. — In dieser wie in jeder folgenden ordentlichen Generalversammlung scheidet ein Drittel des Aufsichtsrates aus. Die Reihenfolge der ausscheidenden Mitglieder wird beim ersten male zugleich für das zweite mal durch das Los, später durch die Zeit des Eintritts in das Amt bestimmt.

Satz 17. Der Aufsichtsrat wählt aus seiner Mitte einen Vorsitzenden, einen Stellvertreter desselben, einen Schriftführer und einen Stellvertreter desselben. — Bei dieser Wahl führt das älteste Mitglied den Vorsitz. — Die Aufsichtsratssitzungen sind vom Vorsitzenden bez. dessen Stellvertreter zu berufen. — Eine Aufsichtsratssitzung mufs stattfinden, wenn mindestens drei Aufsichtsratsmitglieder eine solche beantragen. — Die Vorstandsmitglieder sind in der Regel zu den Aufsichtsratssitzungen zuzuziehen, haben jedoch nur beratende Stimme.

Satz 18. Zur Gültigkeit eines Aufsichtsratsbeschlusses ist die Teilnahme von mindestens sechs, im Falle des Satzes 9 Absatz 2 von acht Mitgliedern erforderlich. — Die Beschlüsse werden mit einfacher Stimmenmehrheit gefafst Stimmengleichheit gilt als Ablehnung; bei Wahlen entscheidet das Los. — Über die Verhandlungen ist ein Protokoll zu führen und vom Vorsitzenden und Schriftführer zu unterzeichnen. — Die Mitglieder des Aufsichtsrates verwalten ihr Amt unentgeltlich. — Die Generalversammlung kann jedoch einzelnen Aufsichtsratsmitgliedern für ihre Mühewaltungen eine Entschädigung zubilligen.

Satz 19. Die Generalversammlung. Die Generalversammlungen werden in der Regel durch den Aufsichtsrat berufen, können aber auch durch den Vorstand berufen werden. Die Berufung erfolgt unter Mitteilung der Tagesordnung mittels einmaliger öffentlicher Bekanntmachung (Satz 5), welche mindestens zwei Wochen vor dem Versammlungstage erscheinen mufs.

Satz 20. Alljährlich findet mindestens eine ordentliche vom Aufsichtsrate innerhalb der ersten drei Monate des Geschäftsjahres einzuberufende Generalversammlung statt.

Satz 21. Zur Teilnahme an den Generalversammlungen ist jeder Aktionär berechtigt. Falls ein Aktionär bis zu drei Aktien besitzt, gewährt ihm jede Aktie eine Stimme in der Generalversammlung. Der Besitz von mehr als 3 Aktien bis zu 15 Aktien gewährt für je 3 Aktien eine Stimme mehr. Der Besitz von über 15 Aktien gewährt für je 5 Aktien eine Stimme mehr. — Bezüglich der Interimsscheine gilt dasselbe wie bezüglich vollbezahlter Aktien. — Die Besitzer der Interimsscheine haben dasselbe Stimmrecht wie die Besitzer vollgezahlter Aktien.

Satz 22. Den Vorsitz in der Generalversammlung führt der Vorsitzende des Aufsichtsrates, dessen Stellvertreter oder ein anderes vom Aufsichtsrate zu wählendes Mitglied desselben oder des Vorstandes.

Satz 23. Die Generalversammlung entscheidet durch absolute Stimmenmehrheit. Stimmengleichheit gilt als Ablehnung.

Die Wahlen erfolgen durch Stimmzettel.

Als gewählt gelten diejenigen, welche die meisten Stimmen auf sich vereinigen. Bei Stimmengleichheit entscheidet das Los.

Satz 24. In der ordentlichen Generalversammlung hat der Aufsichtsrat über die Lage der Geschäfte der Gesellschaft unter Vorlegung der Bilanz des verflossenen Geschäftsjahres zu berichten. Die Generalversammlung hat über Erteilung oder Verweigerung der Genehmigung der Jahresrechnung zu beschliefsen, die Neuwahl oder Ergänzung der Mitglieder des Aufsichtsrates vorzunehmen und über sonstige Anträge des Aufsichtsrates, des Vorstandes oder der Aktionäre, wenn letzterenfalls dieselben von mindestens 20 Aktionären gestellt, mindestens drei Wochen vorher dem Vorstande mitgeteilt und vorher öffentlich bekannt gemacht worden sind, Beschlufs zu fassen. Die Generalversammlung kann die Aufsichtsratsmitglieder ihres Amtes entheben.

Satz 25. Ein Beschlufs der Generalversammlung ist aufser in den Fällen des Satzes 24 erforderlich:

1. über die Höhe der jährlichen Gewinnverteilung;
2. über die Verwendung des Reservefonds;
3. über die Veräufserung des Grundeigentums und Belastung desselben mit Hypotheken;
4. über die Erhöhung oder Reduktion des Grundkapitals;
5. über die Abänderung der Statuten;
6. über die Auflösung der Gesellschaft.

Satz 26. Die Abänderung der Satzungen, die Auflösung der Gesellschaft, die Erhöhung oder Herabsetzung des Grundkapitals, sowie der Widerruf der Bestellung zum Mitgliede des Aufsichtsrates vor Ablauf des Zeitraumes, für welchen dasselbe gewählt ist, kann nur durch eine Mehrheit von drei Vierteilen des in der Generalversammlung vertretenen Grundkapitals, welcher drei Vierteile der erschienenen Aktionäre zustimmen, beschlossen werden.

Satz 27. Von dem jährlichen Reingewinne ist zunächst der zehnte Teil zur Bildung eines Reservefonds zu verwenden, danach werden den Aktionären höchstens $4^{1}/_{2}$ % als Dividende gewährt. Der Rest des Reingewinns fällt wieder dem Reservefond zu. Dieser darf nur zu den gemeinnützigen Zwecken der Gesellschaft und soll namentlich zum Bau neuer Häuser mit kleinen und mittleren Wohnungen und zur Einrichtung von Anlagen und Vorkehrungen, welche die Vereinshäuser verbessern und den Bewohnern derselben zu gute kommen, verwendet werden.

Satz 28. Rechte der Aktionäre. Jeder Aktionär, welcher mindestens eine Aktie voll eingezahlt hat, hat das Vorrecht auf Überlassung einer Wohnung in den Vereinshäusern gegen einen Mietzins. — Dieser Mietzins wird, sobald ein Haus der Vollendung nahe ist, von dem Aufsichtsrate möglichst niedrig festgestellt. — Unter denen, welche auf eine Mietwohnung reflektieren, entscheidet das Los, wer das Mietsrecht auf die Wohnung haben soll.

Satz 29. Der Mietberechtigte ist verpflichtet, einen vom Aufsichtsrate zu genehmigenden Mietvertrag zu vollziehen. In diesem ist namentlich aus gesundheitlichen Gründen strenge Vorkehrung gegen Überfüllung der Wohnungen zu treffen. — Vorbehaltlich der Beobachtung der in dem Mietvertrage festgesetzten Bedingungen darf dem Mietberechtigten bei Lebzeiten, so lange er Inhaber der Aktie ist, die Wohnung drei Jahre lang weder gesteigert, noch gekündigt werden. Ein gleiches Recht soll der Witwe des Aktionärs auf die noch übrige Vertragsdauer zustehen, wenn die Aktie auf sie übertragen wird. — Für den Fall des Verkaufs eines Hauses tritt die gesetzliche Kündigungsfrist ein.

Satz 30. Wenn mit dem Bau von Einzelfamilienhäusern begonnen worden, wird vor Fertigstellung eines solchen Hauses ein möglichst niedriger Verkaufspreis nebst den Ratenzahlungen und sonstigen Bedingungen mit Genehmigung des Aufsichtsrates bestimmt. — Der Restkaufpreis darf nicht höher als $4^{1}/_{2}$ % verzinst werden.

Satz 31. Unter den Aktionären, welche wenigstens eine Aktie voll eingezahlt haben, entscheidet das Los darüber, wer berechtigt sein soll, das Haus zu den festgesetzten Bedingungen zu erwerben. Ebenso findet eine Losziehung statt, sofern ein Haus wegen mangelnder Zahlungsfähigkeit des Erwerbers oder Verletzung der Vertragsbestimmungen oder aus irgend einer andern Ursache an die Gesellschaft zurückfällt. — Derjenige, auf welchen das Los gefallen, kann sein Erwerbsrecht an einen andern Aktionär abtreten, bedarf jedoch hierzu der Genehmigung des Aufsichtsrates, der darüber zu wachen hat, dafs die Häuser nicht, dem Gesellschaftszweck entgegen, spekulativ verwendet werden. — Kein Vereinsmitglied darf mehr als ein Vereinshaus erwerben.

Anlage 7.

Der Achrottsche Entwurf.[1])

A. Entwurf eines Statuts für eine Aktiengesellschaft für Arbeiterwohnungen.

Tit. I. Allgemeine Bestimmungen. § 1. Unter der Firma „Aktiengesellschaft für Arbeiterwohnungen in . . . .“ wird durch gegenwärtiges Statut eine Aktiengesellschaft errichtet, welche ihren Sitz in . . . . . hat.

§ 2. Gegenstand des Unternehmens ist die Herstellung von Häusern mit gesunden und billigen Wohnungen behufs Vermietung an die arbeitende Klasse und die Abschliefsung aller Rechtsgeschäfte, welche diesem Zwecke dienen.

§ 3. Die Aktiengesellschaft beginnt mit dem Tage ihrer Eintragung in das Handelsregister, ihre Dauer ist auf eine bestimmte Zeit nicht beschränkt.

§ 4. Alle von der Gesellschaft ausgehenden Bekanntmachungen erfolgen durch den Deutschen Reichsanzeiger; jede Bekanntmachung gilt als gehörig verkündet, wenn sie einmal veröffentlicht ist.

Tit. II. Grundkapital, Aktien. § 5. Das Grundkapital der Gesellschaft berägt . . . . . . ℳ und zerfällt in . . . . . Aktien, eine jede lautend über 1000 ℳ

§ 6[2]). Die Aktien lauten auf den Inhaber[3]), werden mit fortlaufenden Nummern versehen und tragen die Unterschrift von zwei Mitgliedern des Vorstandes. Jeder Aktie werden Dividendenscheine auf zehn Jahre mit Talon beigefügt. Form und Wortlaut der Aktien, Dividendenscheine und Talons stellt der Aufsichtsrat fest.

Die Aushändigung einer neuen Serie von Dividendenscheinen nebst Talon erfolgt gegen Einreichung des betreffenden Talons von zehn zu zehn Jahren.

§ 7. Die Zahlung der Dividende erfolgt nur gegen Aushändigung des betreffenden Dividendenscheins, nachdem die Auszahlung der Dividende durch einmalige Bekanntmachung im Reichsanzeiger angezeigt worden ist.

§ 8. Dividenden, welche binnen vier Jahren nach Ablauf desjenigen Kalenderjahres, in welchem sie fällig geworden, nicht abgehoben werden, verfallen zu Gunsten der Gesellschaft. Ist ein Dividendenschein verloren gegangen, und der Verlust dem Vorstande innerhalb obiger Frist von vier Jahren angezeigt, auch der stattgehabte Besitz durch Vorzeigung der Aktie oder sonst in glaubhafter Weise dargethan, so wird der Ertrag des Dividenden-

---

[1] Schriften des Deutschen Ver. für Armenpflege und Wohlthätigkeit, XI. Heft. Leipzig 1890.

[2] Ein besonderer Paragraph darüber, ob die Aktien sofort voll oder in Raten gegen Interimsscheine eingezahlt werden sollen, ist hier einzuschalten.

[3] Die Ausgabe von Inhaberpapieren erscheint für das Unternehmen geeignet und notwendig, da dasselbe als geschäftliches, auf Heranziehung gröfserer Kapitalbeträge berechnetes gelten soll.

scheins innerhalb einer ferneren, vom Ablaufe der vier Jahre zu berechnenden Präklusivfrist von einem Jahre nachgezahlt, insofern nicht etwa der Dividendenschein von einem dritten eingereicht und realisiert ist.

Die Gesellschaft wird durch Annahme der Anzeige von dem Verluste eines Dividendenscheins nicht verpflichtet, die Legitimation eines etwaigen Präsentanten desselben zu prüfen oder die Realisation des Scheines zu versagen. Dem Verlierer und Inhaber des Scheines bleibt vielmehr die Geltendmachung der Ansprüche auf den Betrag desselben gegeneinander lediglich überlassen.

Eine Kraftloserklärung verlorener Dividendenscheine findet nicht statt.

§ 9. Eine Kraftloserklärung verlorener Talons findet nicht statt. Die Ausgabe der neuen Serie von Dividendenscheinen erfolgt, wenn der dazu bestimmte Talon nicht eingereicht werden kann, an den Präsentanten der betreffenden Aktie. Ist aber vorher der Verlust des Talons dem Vorstande angezeigt und der Aushändigung der neuen Serie der Dividendenscheine widersprochen worden, so werden dieselben zurückgehalten, bis die streitigen Ansprüche auf die neue Serie gütlich oder im Wege der Prozesse erledigt sind.

§ 10. Verlorene oder vernichtete Aktien unterliegen der Kraftloserklärung, die bei dem zuständigen Gerichte im Gerichtsstande der Gesellschaft nachzusuchen ist. Auf Grund des rechtskräftigen Ausschlufsurteils erfolgt die Ausfertigung einer neuen Aktie unter neuer Nummer auf Kosten des Antragstellers.

§ 11. Sind Aktien, Talons oder Dividendenscheine zwar nicht verloren, aber beschädigt, jedoch in ihrem wesentlichen Teile noch unversehrt erhalten, so dafs über ihre Richtigkeit kein Zweifel obwaltet, so ist der Vorstand ermächtigt, gegen Einlieferung der beschädigten Papiere neue gleichartige Stücke auf Kosten des Inhabers unter gleichen Nummern auszufertigen.

Tit. III. Verwaltung der Gesellschaft. § 12. Die Organe der Gesellschaft sind: a) der Vorstand, b) der Aufsichtsrat, c) die Generalversammlung.

a) Der Vorstand. § 13. Der Vorstand besteht aus zwei oder mehreren Direktoren. Die Ernennung erfolgt durch den Aufsichtsrat, welcher den Wirkungskreis und die Amtsdauer vertragsmäfsig festsetzt.

§ 14. Der Aufsichtsrat kann einzelne seiner Mitglieder zu Stellvertretern von behinderten Direktoren für die im voraus festzusetzende Zeit der Behinderung bestellen. Die Thätigkeit derselben als Mitglieder des Aufsichtsrats ruht, so lange dieselben als Direktoren fungieren und in dieser Eigenschaft noch nicht entlastet sind.

§ 15. Der Vorstand hat alle Rechte und Pflichten, welche dem Vorstande einer Aktiengesellschaft gesetzlich zustehen und obliegen. Die Vorstandsmitglieder und deren Stellvertreter legitimieren sich durch ein Attest aus dem Handelsregister, die Beamten der Gesellschaft durch ein Attest des Vorstandes.

§ 16. Alle Urkunden und Erklärungen des Vorstandes sind für die Gesellschaft verbindlich, wenn sie mit der Firma der Gesellschaft von zwei Direktoren oder einem Direktor und einem stellvertretenden Direktor abgegeben sind.

b) Der Aufsichtsrat. § 17. Der Aufsichtsrat besteht aus mindestens fünf und höchstens zehn Mitgliedern, welche aus der Zahl der Aktionäre von der Generalversammlung gewählt werden. Die Wahl erfolgt auf drei Jahre, Wiederwahl ist zulässig.

§ 18. Scheiden Mitglieder des Aufsichtsrates vor Ende der Amtsperiode aus, so sind an deren Stelle andere Mitglieder für den Rest der Amtsperiode der Ausscheidenden zu wählen. Diese Wahl ist sofort vorzunehmen, wenn durch das Ausscheiden die Zahl der Mitglieder des Aufsichtsrates auf drei reduziert ist; andernfalls erfolgt die Wahl in der auf das Ausscheiden folgenden ordentlichen Generalversammlung.

§ 19. Der Aufsichtsrat wählt alljährlich in der auf die ordentliche Generalversammlung folgenden Sitzung aus seiner Mitte einen Vorsitzenden und einen Stellvertreter desselben. Die Wahl des Vorsitzenden und dessen Stellvertreters geschieht zu notariellem Protokoll. Der Vorsitzende oder dessen Stellvertreter hat die Sitzungen des Aufsichtsrates anzuberaumen und die Verhandlungen zu leiten. Eine Sitzung des Aufsichtsrates ist binnen einer Woche anzuberaumen, wenn zwei Mitglieder desselben dies verlangen.

§ 20. Zur Gültigkeit eines Beschlusses ist die Anwesenheit von mindestens drei Mitgliedern, inkl. des Vorsitzenden oder dessen Stellvertreters, notwendig. Die Beschlüsse werden mit absoluter Stimmenmehrheit gefaſst, bei Stimmengleichheit entscheidet die Stimme des Vorsitzenden. Urkunden werden namens des Aufsichtsrates durch den Vorsitzenden oder dessen Stellvertreter vollzogen, und zwar derart, daſs derselbe der Bezeichnung „Arbeiterwohnungs-Gesellschaft in . . . . .“ seinen Namen beifügt.

§ 21. Der Aufsichtsrat hat alle Rechte und Pflichten, welche dem Aufsichtsrate einer Aktiengesellschaft gesetzlich zustehen und obliegen.

c) Die Generalversammlung. § 22. Berechtigt zur Teilnahme an der Generalversammlung ist jeder Inhaber einer Aktie. Jede Aktie gewährt eine Stimme. Stimmberechtigt sind diejenigen Personen, welche sich als Inhaber von Aktien durch Vorzeigung derselben in der Generalversammlung legitimieren.

§ 23. Die Generalversammlungen werden durch den Vorstand oder Aufsichtsrat berufen. Die Einladung zu den Generalversammlungen erfolgt durch einmalige Bekanntmachung in dem Reichsanzeiger. Die Bekanntmachung muſs mindestens zwei Wochen vor dem Tage der Generalversammlung erfolgen. In der Bekanntmachung ist Ort, Tag und Stunde der Versammlung, sowie die Tagesordnung anzugeben.

§ 24. In der Generalversammlung führt der Vorsitzende des Aufsichtsrates oder dessen Stellvertreter den Vorsitz. Über die Verhandlungen der Generalversammlung muſs ein notarielles, von dem Vorsitzenden zu unterzeichnendes Protokoll aufgenommen werden. Bei Abstimmungen entscheidet, abgesehen von den Fällen des § 27, die absolute Mehrheit der abgegebenen Stimmen, im Falle der Stimmengleichheit die Stimme des Vorsitzenden. Wird bei Wahlen die absolute Stimmenmehrheit im ersten Wahlgange nicht erreicht, so findet eine engere Wahl zwischen den beiden Personen, welche die meisten Stimmen auf sich vereinigten, statt; bei Stimmengleichheit entscheidet das Los.

§ 25. Die ordentliche Generalversammlung findet regelmäfsig in dem ersten Quartale eines jeden Jahres zu .... statt und wird durch den Vorstand berufen. Aufserordentliche Generalversammlungen werden berufen, wenn der Vorstand oder Aufsichtsrat es für nötig erachtet, oder Aktionäre, deren Anteile zusammen mindestens den zwanzigsten Teil des Grundkapitals darstellen, in einer von ihnen unterzeichneten Eingabe an den Vorsitzenden des Aufsichtsrates unter Angabe des Zweckes und der Gründe die Berufung einer Generalversammlung verlangen.

§ 26. In der ordentlichen Generalversammlung hat der Vorstand den mit den Bemerkungen des Aufsichtsrates versehenen Bericht über den Vermögensstand und die Verhältnisse der Gesellschaft nebst einer Bilanz für das verflossene Geschäftsjahr, und einer Gewinn- und Verlustrechnung vorzulegen. Es ist über die Vorlagen, die Feststellung der Dividende und die dem Vorstande und Aufsichtsrate zu erteilende Decharge Beschlufs zu fassen. Es haben sodann die etwa erforderlichen Neuwahlen für ausscheidende Aufsichtsratsmitglieder zu erfolgen. Aufserdem ist über Anträge der Aktionäre zu beschliefsen, welche mindestens eine Woche vor der Generalversammlung bei dem Vorsitzenden des Aufsichtsrates schriftlich eingereicht und als fernere Gegenstände der Tagesordnung durch den Reichsanzeiger bekannt gemacht worden sind.

§ 27. Über fogende Gegenstände kann nur in einer ausdrücklich zu diesem Zwecke einberufenen aufserordentlichen Generalversammlung Beschlufs gefafst werden:

1. Erhöhung oder Herabsetzung des Grundkapitals.
2. Abänderung des Gegenstandes des Unternehmens.
3. Vereinigung der Gesellschaft mit einer anderen.
4. Auflösung und Liquidation der Gesellschaft.

Die aufserordentliche Generalversammlung ist hier nur beschlufsfähig, wenn in derselben mindestens $^2/_3$ des Aktienkapitals vertreten ist. Ist die erste Versammlung hiernach nicht beschlufsfähig, so ist innerhalb vier Wochen eine zweite aufserordentliche Generalversammlung einzuberufen, welche den betreffenden Beschlufs gültig fassen kann, auch wenn weniger als $^2/_3$ des Aktienkapitals vertreten ist. — Zur Annahme der gestellten Anträge ist stets eine Majorität von $^3/_4$ des in der Versammlung vertretenen Grundkapitals erforderlich.

Tit. IV. Rechnungsabschlufs. Bilanz. Dividende. § 28. Das Rechnungsjahr der Gesellschaft ist das Kalenderjahr.

§ 29. Der Vorstand mufs in den ersten zwei Monaten jedes Geschäftsjahres für das verflossene Jahr eine Bilanz, eine Gewinn- und Verlustrechnung, sowie einen den Vermögensstand und die Verhältnisse der Gesellschaft entwickelnden Bericht dem Aufsichtsrate vorlegen. Für die Aufstellung der Bilanz sind die Vorschriften der Art. 31 und 185a des Deutschen Handelsgesetzbuches mafsgebend. Diese Vorlagen sind sodann mit den Bemerkungen des Aufsichtsrates mindestens zwei Wochen vor der General versammlung in dem Geschäftslokale der Gesellschaft zur Einsicht der Aktionäre auszulegen.

§ 30. Der aus der Bilanz sich ergebende Überschufs der Aktiva über die Passiva bildet den reinen Gewinn, welcher, wie folgt, verwendet wird:

a) 5 % dem Reservefonds.

b) Eine Dividende bis zu 4 % auf das eingezahlte Kapital der Aktionäre.

c) Aus dem Überschusse wird ein Spezialreservefonds zur Deckung aufsergewöhnlicher Ausgaben und Verluste sowie zur Verbesserung der Wohnungen und Erweiterung des Unternehmens gebildet.

§ 31. Der Reservefonds (§ 30, a) dient zur Deckung eines aus der Bilanz sich ergebenden Verlustes. Die Überweisungen an denselben hören auf, sobald er die Höhe von 10 % des Grundkapitals erreicht hat.

§ 32. Die Auszahlung der festgesetzten Dividende (§ 30, b) erfolgt spätestens am 1. Juli des betreffenden Jahres.

§ 33. Über die nähere Art, wie der Spezialreservefonds (§ 30, c) verwendet werden soll, beschliefst die Generalversammlung.

Tit. V. Auflösung der Gesellschaft. § 34. Die Auflösung der Gesellschaft erfolgt auf Grund eines nach § 27 zu fassenden Beschlusses einer aufserordentlichen Generalversammlung.

Die Generalversammlung, welche den Auflösungsbeschlufs fafst, hat zugleich die Liquidatoren zu ernennen und über die Art, in welcher von diesen die Immobilien der Gesellschaft veräufsert werden sollen, zu entscheiden.

Tit. VI. Übergangsbestimmungen. § 35. Die konstituierende Versammlung tritt ohne besondere Berufung am . . . . . . zusammen und wählt den ersten Aufsichtsrat.

§ 36. Der erste Aufsichtsrat ist ermächtigt, redaktionelle Zusätze und Abänderungen des Statuts, welche etwa von den Behörden zum Zwecke der Eintragung in das Gesellschaftsregister erfordert werden sollten, selbständig mit verbindlicher Kraft für alle Aktionäre zu beschliefsen. Die Beurkundung solcher Zusätze und Abänderungen erfolgt durch die Unterschrift des Vorsitzenden oder dessen Stellvertreters.

§ 37. Für den zur Vorbereitung des Unternehmens bis zum Anfange des vollen Betriebes erforderlichen Zeitraum werden den Aktionären 4 % jährlicher Zinsen von dem eingezahlten Aktienkapitale gezahlt. Dieser Zeitraum wird kalendermäfsig auf den . . . . . 18 . . fixiert.

B. Schema für den Mietsvertrag.

§ 1. Die Arbeiterwohnungs-Gesellschaft vermietet an . . . . . . die in ihrem Hause . . Strafse No. . . belegene, in dem Bauplane mit Nummer . . . bezeichnete Wohnung, bestehend aus . . . . vom 1. . . . . 18 . . ab.

§ 2. Die Miete beträgt inklusive Nebenabgaben wöchentlich . . . . ℳ und ist pränumerando für jede Woche spätestens bis Montag Nachmittag 6 Uhr an den Hausverwalter oder die von der Gesellschaft anderweit bestimmte Person zu zahlen.

§ 3. Ist der Mieter mit zwei Mietzahlungen im Rückstande, so hat er auf Verlangen der Vermieterin die Wohnung sofort zu räumen. Für die Zeit bis zur Räumung hat der Mieter den entsprechenden Teil des wöchentlichen Mietzinses zu zahlen.

§ 4. Dem Mieter wie der Vermieterin steht jederzeit die Kündigung zum ersten des folgenden Monats zu. Die Aufkündigung hat spätestens 14 Tage vorher schriftlich zu geschehen.

§ 5. Die abvermieteten Räume dürfen nur von dem Mieter und dessen Angehörigen benutzt werden; der Mieter darf andere wie die am Schlusse des Vertrages als zu seinem Hausstande gehörig verzeichneten Personen dauernd nicht in die Wohnung aufnehmen.

Zur vorübergehenden Aufnahme von Verwandten oder Freunden bedarf es der in jedem Einzelfalle einzuholenden Genehmigung des Hausverwalters.

Ein Aftervermieten oder die Aufnahme von Schlafleuten ist absolut verboten; bei Zuwiderhandlung gegen diese Vertragsbestimmung ist die Wohnung auf Verlangen der Vermieterin sofort zu räumen. Für die Zeit bis zur Räumung hat der Mieter den entsprechenden Teil des wöchentlichen Mietzinses zu zahlen.

§ 6. Der Mieter darf ohne schriftliche Genehmigung der Vermieterin ein Gewerbe oder einen Handel in der Wohnung nicht betreiben; eine Änderung in dem mit Genehmigung betriebenen Gewerbe oder Handel bedarf einer vorhergehenden neuen Genehmigung.

§ 7. Der Mieter unterwirft sich ausdrücklich den in der gedruckten Hausordnung (von welcher ihm ein Exemplar ausgehändigt ist) enthaltenen Bestimmungen, welche als Teil des Mietsvertrages betrachtet werden sollen.

§ 8. Der Mieter versichert, dafs die nachstehende Angabe über die Personen, welche er in seine Wohnung aufnehmen will, der Wahrheit entspreche:

Name	Alter	Verwandtschaftsverhältnis zum Mieter
1.		
2.		
3.		
4.		
5.		

C. Schema für die Hausordnung.[1])

1. Allgemeine Bestimmungen. § 1. Jeder Hausbewohner hat den Anordnungen des Hausverwalters, sowie derjenigen welche mit der Ver-

[1]) Bei Entwurf der nachstehenden Hausordnung sind neben den Hausordnungen der englischen model dwellings auch diejenigen von bereits

tretung und Unterstützung des Hausverwalters bei Überwachung der nachfolgenden Bestimmungen betraut werden, unweigerlich zu folgen. Der Mieter ist verpflichtet, dem Hausverwalter zu jeder Tageszeit, d. h. zwischen 8 Uhr morgens und 8 Uhr abends, den Zutritt zu den gemieteten Räumen zu gestatten.

§ 2. Jeder Mieter hat Zucht, Ordnung und Frieden im Hause und mit der Nachbarschaft zu üben und hierzu seine Familienangehörigen anzuhalten; für alle Zuwiderhandlungen gegen die Hausordnung von seiten der Familienangehörigen bleibt der Mieter verantwortlich.

§ 3. Bei störenden Uneinigkeiten zwischen den Hausbewohnern erfolgt schriftliche Verwarnung des als schuldig ermittelten Teiles. Macht der letztere sich alsdann einer weiteren Streitigkeit schuldig, so hat dies unter allen Umständen die Kündigung der Wohnung zur Folge. Die Wohnung ist in diesem Falle am ersten des nächsten Monats zu räumen, selbst wenn die Kündigung später als 14 Tage vor diesem Termine erfolgte.

§ 4. Der Mieter ist verpflichtet, dafür zu sorgen, dafs die gemieteten Räume reinlich und sauber gehalten und gehörig gelüftet werden. Bei Regenwetter und Sturm sind die Fenster, bei eintretender Kälte die Bodenlucken zu schliefsen. Der Mieter ist verpflichtet, seinen Bodenraum von etwa eingetriebenem Schnee sofort zu reinigen. Wenn den diesbezüglichen Anordnungen des Hausverwalters nicht Folge geleistet wird, so hat der Mieter die Kündigung der Wohnung zu gewärtigen.

§ 5. Es ist den Kindern der Mieter nicht erlaubt, auf den Treppen zu spielen. Das unnütze Stehenbleiben auf den Treppen und Treppenfluren ist streng verboten. Mit Feuer und Licht ist auf das behutsamste zu verfahren. Bodenräume und Keller dürfen nicht mit offenem Lichte betreten werden.

§ 6. Sämtliche Hausthüren werden um 10 Uhr abends geschlossen. Wer nach 10 Uhr die Hausthür öffnet, hat dieselbe sofort nach dem Ein- oder Austritt wieder zu verschliefsen. Jeder Mieter erhält einen Hausschlüssel; falls er denselben verlieren sollte, hat er sofort dem Hausverwalter Anzeige zu machen und ist unter keinen Umständen berechtigt, sich selbst einen neuen Hausschlüssel machen zu lassen.

§ 7. Das Halten von Tieren ist nur mit besonderer Genehmigung des Hausverwalters gestattet; die Genehmigung kann, falls die anderen Mieter durch die Tiere belästigt werden, jederzeit widerrufen werden.

§ 8. Die Reinigung von Treppen und Fluren läfst der Hausverwalter vornehmen, und zwar, soweit angängig, durch Mieter, welche sich zur Übernahme dieser Arbeiten gegen Entgelt bereit erklären. Von den Hausbewohnern wird erwartet, dafs sie nicht in mutwilliger Weise die Reinhaltung von Treppen und Fluren erschweren. Auf den Treppen und Fluren darf nichts aufgestellt werden.

---

bestehenden deutschen Baugesellschaften zu Rate gezogen worden; einen besonders wertvollen Anhalt gaben insbesondere die bei der Berliner Gemeinnützigen Baugesellschaft geltenden Bestimmungen, welche sich im allgemeinen in der Praxis bewährt haben.

§ 9. Bei Benutzung der Wasserleitung ist die möglichste Sparsamkeit zu beobachten. Das Ausgufsbecken und das Klosett ist vor Verstopfung zu bewahren, feste Stoffe dürfen nicht hineingeworfen werden. Alle an der Wasserleitung und den Abflufsrohren entstehenden Beschädigungen sind sofort dem Hausverwalter anzuzeigen. Der Mieter hat für alle durch seine Nachlässigkeit oder sein Verschulden hierbei verursachte Schäden aufzukommen.

§ 10. Asche, Müll, Glas, Küchenabfälle u. s. w müssen an die hierfür angewiesenen Orte gebracht werden; ebenso darf das Ausklopfen von Decken, Teppichen u. s. w. nur an den hierfür angewiesenen Orten und zu den von dem Hausverwalter festgesetzten Zeiten geschehen. In den Wohnräumen darf Holz nicht gehauen werden.

§ 11. Es darf nur in dem Waschhause, nicht aber in den gemieteten Räumen, gewaschen werden. Das Trocknen der Wäsche hat auf dem Trockenplatze resp. Trockenboden zu geschehen, ein Aufhängen der Wäsche in den gemieteten Räumen oder auf dem Hofe aufserhalb des Trockenplatzes ist streng verboten. An Sonn- und Festtagen darf auf dem Trockenplatze keine Wäsche aufgehängt werden.

§ 12. Der Mieter hat sich bei seinem Einzuge zu vergewissern, dafs sich die gemieteten Räume in gutem Zustande befinden, dafs insbesondere Wände und Fufsböden, Fensterriegel und Fensterscheiben, Thüren und Thürschlösser, Öfen, Schlüssel u. s. w. in ordnungsmäfsigem Zustande vorhanden sind. Soweit dies nicht der Fall sein sollte, hat er binnen 24 Stunden schriftlich dem Vorstande der Gesellschaft von den vorgefundenen Mängeln Anzeige zu machen, widrigenfalls ihm die Einrede, dafs die Wohnung nicht ordnungsmäfsig überliefert sei, nicht zusteht.

§ 13. Der Mieter hat die gemieteten Räume in gutem Zustande zu erhalten und haftet für alle Beschädigungen, welche durch ihn oder seine Angehörigen verursacht worden sind. Schaden, welcher den Fenstern durch Hagel, Zerspringen oder auf andere Weise zugefügt wird, trägt der Mieter Die Vermieterin hat das Recht, alle derartigen Beschädigungen auf Kosten des Mieters beseitigen zu lassen. Die naturgemäfse Abnutzung des Mietsobjektes fällt dem Mieter nicht zur Last; doch ist derselbe verpflichtet, falls sich etwas in der Wohnung vorfindet, was eine Reparatur erfordert, dem Hausverwalter sofort Anzeige zu machen. Auch ist der Mieter zu sofortiger Anzeige verpflichtet, falls er irgend einen Schaden am Dache oder das Eindringen des Regens bemerkt.

§ 14. Bauliche Änderungen in der Wohnung dürfen nur mit schriftlicher Genehmigung der Vermieterin vorgenommen werden, insbesondere dürfen Öfen nur mit Genehmigung der Vermieterin neu gesetzt oder umgesetzt werden, und der Mieter hat dabei die von dem Hausverwalter getroffenen Anordnungen streng einzuhalten. Bei der Genehmigung von baulichen Veränderungen kann ausbedungen werden, dafs der Mieter bei Verlassen der Wohnung den früheren Zustand auf seine Kosten wiederherstelle. Ist dies nicht ausbedungen, so wird die Veränderung mit ihrer Vollendung Eigentum der Vermieterin, und es findet eine Erstattung der gehabten Ausgaben beim Auszuge des Mieters nicht statt. — Der Mieter mufs sich die von der

Vermieterin für notwendig erachteten baulichen Veränderungen während der Mietszeit gefallen lassen.

§ 15. Der Mieter ist verpflichtet, von jedem Geburts- und Sterbefalle in seiner Familie sofort dem Hausverwalter Anzeige zu machen. Zu einer gleichen Anzeige ist er bei eintretendem schwereren Krankheitsfalle verpflichtet. Der Mieter erklärt sich ausdrücklich damit einverstanden, daſs im Falle ansteckender Krankheit die kranke Person auf seine Kosten sofort aus den Mietsräumen fort in ein Krankenhaus geschafft werde.

2. Besondere Bestimmungen für die gemeinschaftlichen Hauseinrichtungen. § 16. Die Benutzung der Waschküche steht dem Mieter für die Zeit zu, welche nach der zu Anfang eines jeden Monats vom Hausverwalter aufgestellten Reihenfolge für ihn angesetzt ist. Änderungen in dieser Reihenfolge auf Grund von Vereinbarungen zwischen den Mietern sind gestattet, müssen jedoch dem Hausverwalter zur Eintragung in die Liste angezeigt werden. Der Mieter ist verpflichtet, den von ihm benutzten Teil der Waschküche sofort nach gemachtem Gebrauche gründlich zu reinigen und zu scheuern.

§ 17. Diejenigen Mieter, welche die zum unentgeltlichen Gebrauche für die Hausbewohner bestimmten Badeeinrichtungen während der Woche benutzen wollen, haben dies am Sonntag dem Hausverwalter mitzuteilen. Der Hausverwalter bestimmt unter möglichster Berücksichtigung der Wünsche des einzelnen Mieters die Zeit der Benutzung. Der Hausbewohner hat die für ihn angesetzte Badezeit genau einzuhalten und muſs pünktlich bei Ablauf derselben, nachdem er die Wanne gehörig gereinigt hat, den Schlüssel zum Badezimmer wieder an den Hausverwalter oder dessen Vertreter abliefern. Thut er dies nicht, oder macht er sich sonst einer Zuwiderhandlung gegen die in den Badezimmern angeschlagene Badeordnung schuldig, so wird er von der Wohlthat der weiteren Benutzung der Badeeinrichtung ausgeschlossen.

§ 18. Die Spiel- und Turnhalle ist während der Tageszeit ausschlieſslich zur Benutzung für die Kinder der Hausbewohner bestimmt; die Halle wird jedoch nur dann geöffnet, wenn ein zuverlässiger erwachsener Hausbewohner den Schlüssel erbittet und sich dabei ausdrücklich dem Hausverwalter gegenüber verpflichtet, die Aufsicht über die in der Halle spielenden und turnenden Kinder zu führen und den Schlüssel wieder abzuliefern, sobald er selbst die Halle verläſst. Diese erwachsene Person übt alsdann in Vertretung des Hausverwalters das Hausrecht in der Halle aus und hat für die Aufrechthaltung der Ordnung in der Halle zu sorgen. Kinder, welche den Anordnungen dieser Person nicht Folge leisten, sind von derselben aus der Halle zu verweisen und können von dem Hausverwalter vorübergehend oder dauernd von der Benutzung der Halle ausgeschlossen werden.

§ 19. Die Spiel- und Turnhalle steht in den Abendstunden den erwachsenen männlichen Hausbewohnern zur Benutzung offen. Der Lese- und Vergnügungsraum ist den ganzen Tag über von 8 Uhr morgens bis 10 Uhr abends für alle erwachsenen Hausbewohner geöffnet. Dieser Raum wird im Winter geheizt und abends beleuchtet; Nachschlagebücher (Konversationslexikon, Adreſsbücher, Atlas u. s. w.), Unterhaltungsschriften und sonstige Zeitschriften nichtpolitischen Inhalts werden unentgeltlich ausgelegt. Diese Bücher und

Zeitschriften dürfen nicht aus dem Raume entfernt werden. Jede mutwillige Beschädigung und Beschmutzung derselben zieht die Ausschliefsung des Betreffenden von der weiteren Benutzung des Raumes nach sich. In dem Raume darf nicht geraucht werden, noch dürfen Getränke irgend welcher Art in demselben genossen werden; auch ist für gewöhnlich das laute Sprechen, durch welches andere gestört werden könnten, verboten. Der Raum kann jedoch an einzelnen Abenden ausschliefslich zu Unterhaltungszwecken hergegeben werden; an diesem Abend besteht nur das Verbot, Spirituosen zu geniefsen, fort, alle anderen Beschränkungen fallen weg.

§ 20. Die Aufrechthaltung der Ordnung in dem Lese- und Vergnügungsraume, und ebenso in der Turnhalle während der Abendstunden, liegt zunächst dem Hausverwalter ob, doch kann derselbe einem zuverlässigen Mieter seine Vertretung und gleichzeitig damit die Ausübung des Hausrechts übertragen. Die Hausbewohner haben die ihnen eingeräumte Benutzung der Räume als eine Wohlthat zu betrachten, die ihnen jederzeit entzogen werden kann, und insbesondere demjenigen zu entziehen ist, welcher sich durch Zuwiderhandlung gegen die getroffenen Benutzungsvorschriften, durch Streitsüchtigkeit oder sonstige Belästigung der anderen Mieter der Wohlthat unwürdig gezeigt hat.

3. Prämienfonds. § 21. Um einen festen Stamm guter Mieter zu erhalten und dieselben für das Gedeihen des Unternehmens zu interessieren, sollen an dieselben als Geschenk die bei der Verwaltung des Hauses gemachten Ersparnisse in Gestalt von Prämien verteilt werden. Der Prämienfonds wird nach näherer, alljährlich von der ordentlichen Generalversammlung zu treffender Bestimmung aus den Ersparnissen gebildet, welche bei der Verwaltung des Hauses, insbesondere bei den hoch angesetzten Posten für Reparaturen u. s. w. und für Mietausfälle, gemacht sind. Der Prämienfonds soll derart verteilt werden, dafs zwei Drittel davon in bar an diejenigen Mieter nach Verhältnis ihres Mietzinses gezahlt wird, welche ein volles Jahr lang in dem Gebäude gewohnt, ihre Wohnungen in gutem Zustande erhalten und stets pünktlich die Miete bezahlt haben, und ein Drittel dazu benutzt wird, um gemäfs den Vorschlägen dieser Mieter deren Wohnungen oder die gemeinschaftlichen Hauseinrichtungen zu verbessern oder auszuschmücken.

Anlage 8.

Kundgebung der Vereinigung Berliner Architekten, betreffend die Mittel zur Lösung der Arbeiterwohnfrage in Berlin.[1]

1. Die planmäfsige Verbesserung der Arbeiter-Wohnverhältnisse kann sowohl durch Errichtung kleiner, der Erwerbung von seiten des Arbeiters zugänglicher Einzelhäuser wie durch Errichtung geeigneter Arbeiter-Miethäuser erfolgen. — Aufgabe des Architekten ist es, die Mittel anzugeben, durch welche in beiden Fällen der Zweck am besten erreicht werden kann: dem Arbeiter eine seinen Bedürfnissen entsprechende, gesunde und möglichst billige Wohnung zu schaffen.

[1]) Deutsche Bauzeitung 1891 Nr. 39.

2. Da die örtlichen Verhältnisse Berlins und die überlieferten Gewohnheiten seiner Arbeiterbevölkerung eine vorwiegende Ansiedlung der letzteren in eigenen Häusern für absehbare Zeit unwahrscheinlich machen, so tritt die Aufgabe einer möglichst zweckentsprechenden Gestaltung des Arbeiter-Miethauses um so mehr in den Vordergrund, als der Lösung derselben, hier wie anderwärts, von seiten der Architekten bisher geringere Anstrengungen gewidmet worden sind, als man sie zu Gunsten der Anordnung des nur für eine oder zwei Arbeiterfamilien bestimmten Einzelhauses aufgewendet hat.

3. Bei dem in stetiger Steigerung begriffenen Massenbedarf Berlins an Arbeiterwohnungen ist es unmöglich, die Errichtung derartiger Miethäuser aus öffentlichen Mitteln im Sinne eines Wohlthätigkeitsunternehmens ins Auge zu fassen. Es kann diesem Bedarfe vielmehr nur durch die Privatspekulation genügt werden. Als wichtigstes Erfordernis erscheint es demzufolge, in jeder nur möglichen Weise die Herstellung von Miethäusern mit kleinen Wohnungen zu fördern, die bei guter Bauart und Einrichtung trotz billiger Mieten dem Besitzer dennoch einen ausreichenden Gewinn abzuwerfen vermögen.

4. Die hauptsächlichsten Hindernisse, welche die zahlreichere Entstehung derartiger Häuser gerade in Berlin erschwert haben und noch heute erschweren, deren Beseitigung daher in erster Linie angestrebt werden mufs, sind:

a) Der im Vergleich zu anderen Grofsstädten unverhältnismäfsig hohe Preis des Baulandes.

b) Die ungünstige Form und Gröfse, insbesondere die zu bedeutende Tiefe der durch den Bebauungsplan festgelegten Grundstücke.

c) Die Schwierigkeiten, welche die derzeit gültige Baupolizeiordnung einer zweckentsprechenden Ausnutzung der Baustellen entgegensetzt.

d) Gewisse örtliche Zustände und Gewohnheiten des Baugeschäfts, die das Bauen in unnötiger Weise verteuern.

5. Zu 4a. Der Preis des Baulandes richtet sich, wie der jeder andern Ware, nach Angebot und Nachfrage. Um das Angebot zu vergröfsern und dadurch den Preis herabzudrücken, ist es nötig, dafs der Erschliefsung von Bauland (Herstellung bebauungsfähiger Grundstücke) nach Möglichkeit Vorschub geleistet werde. Dies läfst sich erzielen, indem man:

a) Der Stadtgemeinde Berlin sowie den Nachbargemeinden und Kommunalverbänden die Verpflichtung auflegt, die im Bebauungsplan vorgesehenen Hauptverkehrslinien derart anbaufähig auszugestalten, dafs die Anlage der an diese Strafsenzüge anschliefsenden Nebenstrafsen und damit der Verkauf der Baustellen, womöglich aus der Hand des ursprünglichen Besitzers, überall erleichtert ist.

b) Den in Berlin und den Nachbargemeinden bestehenden Verkehrsgesellschaften bei Genehmigung von gewinnbringenden Betriebserweiterungen zur Bedingung macht, die in den Aufsenbezirken geschaffenen neuen Strafsen, sobald dieselben in Bebauung genommen werden, thunlichst in ihr Verkehrsnetz einzuziehen.

6. Zu 4b. Die Gröfse, insbesondere die zu bedeutende Tiefe der meisten Berliner Grundstücke erschwert in hohem Mafse die Her-

stellung kleiner Häuser, indem sie den Bauherrn, welcher eine angemessene Verzinsung des Grundwerts erzielen will, zur Anordnung nicht nur von Seitenflügeln, sondern auch von Quergebäuden zwingt. Die Errichtung kleinerer Häuser, die von Bauherren mit mäfsigem eigenem Kapital unternommen werden kann, ist es aber gerade, durch welche dem Bedarf an Arbeiterwohnungen am sichersten und besten zu genügen ist.

Abhilfe dagegen läfst sich schaffen, wenn die im Bebauungsplane vor gesehenen, grofsen noch unbebauten Blocks der Aufsenbezirke durch Strafsen zweiter Ordnung je nach Bedarf in weniger tiefe Viertel zerlegt werden. Als gröfste, für die Anlage kleiner Häuser zweckmäfsige Tiefe ist bei Annahme der ortsüblichen Bebauung mit Vorderhaus und Seitenflügel eine solche von 80 m (40 m für jede Baustelle) anzusehen. Wünschenswert ist es jedoch, dafs daneben Viertel von noch geringerer Tiefe angeordnet werden, deren Baustellen nur die Bebauung mit einem Vorderhause zulassen.

Es empfiehlt sich, eine derartige Teilung übermäfsig tiefer Blocks dadurch zu begünstigen, dafs für die Breitenabmessung und die technische Herstellung der betreffenden Teilstrafsen, auf denen ein starker Verkehr niemals zu erwarten steht, durch Ortsstatut wesentliche Erleichterungen festgesetzt werden. Soweit für das Gebiet der Nachbargemeinden Bebauungspläne noch nicht vorhanden sind, empfiehlt es sich, bei Aufstellung von solchen die Blocks nicht tiefer als 80 m anzunehmen, wie das in den westlichen Vororten teilweise schon geschehen ist.

7. Zu 4c. Die Baupolizeiordnung vom 15. Jan. 1887 erweist sich für die Bebauung von schmalen, wie überhaupt von kleinen Grundstücken sehr ungünstig. Sie bedingt einerseits in den meisten Fällen, dafs die auf schmalen Grundstücken errichteten Seitenflügel (welche bei Häusern der inneren Stadt einzig zu Arbeiterwohnungen verwendet werden können), um ein Geschofs niedriger gehalten werden müssen als das Vorderhaus. Sie macht andererseits bei Grundstücken der kleinsten Abmessung, wie sie zweckmäfsigerweise in den Aufsenbezirken zur Errichtung von Arbeiterhäusern Verwendung finden müfsten, die häufig wünschenswerte Anordnung niedriger Nebengebäude im Hofe (für Werkstätten, Ställe u. s. w.) fast unmöglich. Zur Abhilfe dagegen empfiehlt es sich, bis zum Erlafs einer verbesserten Bauordnung die bestehenden Bestimmungen dahin zu ergänzen, dafs:

a) Bei einer für die Dauer gesicherten Zusammenlegung der Höfe zweier benachbarter Gebäude die Höhe der an diesen Höfen liegenden Seitenflügel nicht nach der Hofbreite je eines Grundstücks, sondern nach der gemeinschaftlichen Breite beider Höfe (unter Beschränkung der Gesamthöhe auf 22 m) bestimmt wird. Gesetzliche Hindernisse, welche einer dauernden Sicherung solcher Anlagen entgegenstehen, wären erforderlichenfalls zu beseitigen.

b) Dafs bei Grundstücken, welche nur mit einem Vorderhause bebaut werden, die Errichtung eingeschossiger Nebengebäude im Hofe gestattet wird, falls von dem letzteren noch ein Raum von 6 m im Geviert frei bleibt, und falls durch diese Nebengebäude die Benutzung der Erdgeschofsräume des Hauses nicht in schädlicher Weise beeinträchtigt wird.

8. Zu 4d. Eine unnötige Verteuerung der Bau-Ausführung wird bei Häusern mit kleinen Wohnungen namentlich bewirkt:

a) Durch das bei Abschätzung der Gebäude für die städtische Feuerkasse übliche Verfahren, einerseits die Baukosten des Vorderhauses wesentlich höher zu schätzen als diejenigen der Seitenflügel u. s. w., andererseits dem in die Augen fallenden Ausbau des Hauses eine unverhältnismäfsige Berücksichtigung angedeihen zu lassen. Der Wunsch der Bauherren, den für die Beleihung ihres Hauses mafsgebenden Feuerkassenwert desselben möglichst hoch zu treiben, verleitet sie demzufolge vielfach, die Tiefe des Vorderhauses über das Bedürfnis hinaus zu steigern und im Ausbau des Hauses einen an sich überflüssigen, meist unechten Luxus zur Schau zu stellen. Die Einführung einer die thatsächlichen Kosten der Ausführung mehr berücksichtigenden Abschätzungsweise ist anzustreben.

b) Durch die unverhältnismäfsig hohen Gebühren, welche die Bauherren für die Beschaffung der erforderlichen Baugelder und Hypotheken zu zahlen haben. Die Höhe dieser Sätze erklärt sich daraus, dafs es Darleiher gibt, welche auch auf Geschäfte mit völlig mittellosen Unternehmern sich einlassen. Abhilfe gegen diese Übelstände und zugleich eine wesentliche Gesundung der gesamten Privatbauthätigkeit Berlins könnte herbeigeführt werden, wenn öffentliche Versicherungsanstalten und Sparkassen, sowie humanitäre Gesellschaften Kapitalien bereit stellten, aus denen vertrauenswürdige Bauunternehmer, die über ein kleines eigenes Anlagekapital verfügen, die erforderlichen Vorschüsse zu einem mäfsigen Zinssatz erhalten könnten.

9. Für die Anordnung des Arbeiter Miethauses können z. Z. bestimmte Typen als die zweckmäfsigsten noch nicht empfohlen werden. Dem Nachdenken und dem Versuche des Architekten steht vielmehr auf diesem Gebiete noch ein weiter Spielraum offen, besonders wenn die in Vorschlag gebrachte Teilung der grofsen Blocks des Bebauungsplans erleichtert würde, und demzufolge auch anders geformte Baustellen in gröfserer Zahl zur Verfügung gestellt werden könnten. Baugesellschaften, welche das Wohl der Arbeiter fördern wollen, werden ihr Hauptaugenmerk darauf zu richten haben, Anlagen zu schaffen, welche demnächst der Privatspekulation als Muster dienen können.

Anlage 9.

Bedingungen der von dem Deutschen Verein für öffentliche Gesundheitspflege und dem Verein zur Förderung des Wohles der Arbeiter „Concordia" ausgeschriebenen Preisbewerbung für die beste Konstruktion eines in Arbeiterwohnungen zu verwendenden Zimmerkochofens.

§ 1. Der Ofen soll so eingerichtet sein, dafs Arbeiterfamilien innerhalb ihres Wohnzimmers Speisen zubereiten können, ohne dafs Wasserdampf-, Koch- und Heizgase in die Zimmerluft treten, und ohne dass die Temperatur in einer der Gesundheit nachteiligen Weise gesteigert wird. Demnach mufs der Ofen hauptsächlich folgenden Anforderungen entsprechen:

a) Er mufs je nach Bedarf nur zum Kochen, oder nur zum Heizen, oder für beides gleichzeitig dienen können. Die hierdurch gebotene Einrichtung mufs einfach, solid und für jedermann leicht zu verstehen und zu behandeln sein;

b) er mufs den Raum, in welchem er steht, lüften; insbesondere mufs er die aus den Speisen während des Kochens sich entwickelnden Dämpfe und Destillationsprodukte, ohne dafs sie sich zuvor mit der Zimmerluft vermischen, mit Sicherheit abführen;

c) die Wahl des Materials, aus welchem der Ofen herzustellen ist, bleibt dem Bewerber anheimgestellt;

d) die Aufsenfläche des Ofens mufs möglichst wenig Gelegenheit zur Staubablagerung bieten und mufs leicht zu reinigen sein;

e) er mufs das Brennmaterial möglichst ausnutzen;

f) er mufs so billig herzustellen sein, dafs der Preis seiner weiteren Verbreitung in den unbemittelten Klassen nicht im Wege steht.

§ 2. Hinsichtlich der Art der Bewerbung ist ferner folgendes zu beobachten:

a) Der Musterofen, welcher in natura frachtfrei zu liefern ist, soll für Steinkohlenfeuerung und einen Zimmerraum von 50 cbm konstruiert sein.

b) Aufserdem sind einzusenden: Zeichnungen und Beschreibung des Musterofens, Dimensionsverzeichnisse, und soweit nötig, Zeichnungen der Steinkohlenöfen, welche auf einen Raum von 30, 70 und 90 cbm berechnet sind.

c) Es ist anzunehmen, dafs der zu heizende und zu lüftende Raum mit zwei Seiten an 40 cm starken Aufsenmauern eines Gebäudes liegt, dafs ferner die Kochleistung des Ofens für zwei Erwachsene und vier Kinder ausreichen soll.

d) Erwünscht ist die Angabe solcher Änderungen, welche für die Benutzung anderer Brennmaterialien als Steinkohlen erforderlich sind.

e) Revisionsfähige Nachweisungen, zu welchen Preisen (unter Annahme bestimmter Grundpreise) die verschiedenen Gröfsen und Konstruktionen des Ofens in den Handel gebracht werden können, sind beizufügen.

f) Die Zeichnungen, Aufrifs, Grundrifs und die nötigen Schnitte darstellend, sind in einem Fünftel der natürlichen Gröfse anzufertigen, Einzelheiten nach Bedarf in gröfserem Mafsstabe.

§ 3. Die Ablieferung des Musterofens, sowie der Zeichnungen, Beschreibungen und Kostenanschläge hat Ende Januar 1892 stattzufinden, und zwar unter einem Kennworte; der Name des Einsenders ist in einem mit dem gleichen Kennwort überschriebenen, versiegelten Briefumschlag beizufügen. Ort der Einlieferung: Berlin. Genauere Adresse für die Einsendung wird später bekannt gegeben werden.

§ 4. Das Preisrichteramt haben übernommen: Herr Professor Hermann Rietschel (Berlin), Herr Caspar, städt. Ingenieur (Berlin), Herr Oberingenieur K. Reuss (Grœditz).

§ 5. Der von den beiden Vereinen ausgesetzte Preis beträgt 1000 ℳ Den Preisrichtern ist es überlassen, den vorgenannten Preis entweder einem Bewerber zuzusprechen oder unter zwei Bewerber zu verteilen. Den Preisrichtern ist es gestattet, Heiz- und Kochproben mit den eingelieferten Öfen vorzunehmen.

§ 6. Die eingegangenen Bewerbungen werden wenigstens acht Tage lang öffentlich ausgestellt und nach Schlufs der Ausstellung auf Kosten der Einsender an dieselben zurückgesandt.

Der Ausschuss
des
Deutschen Vereins für öffentliche Gesundheitspflege
(gez.) Lent.

Der Vorstand
des
Vereins zur Förderung des Wohles der Arbeiter „Concordia“
(gez.) Kalle.

Bedingungen der von dem Deutschen Verein für öffentliche Gesundheitspflege und dem Verein zur Förderung des Wohles der Arbeiter „Concordia“ ausgeschriebenen Preisbewerbung für die beste Arbeit über Lüftung von Arbeiterwohnungen.

§ 1. Die Arbeit soll eine Zusammenstellung von Zeichnungen und Beschreibungen, Kosten- und soweit möglich Effekt-Berechnungen derjenigen Lüftungseinrichtungen bringen, welche in Bezug auf Einfachheit und Billigkeit in Anlage und Betrieb, sowie in Bezug auf Leistungsfähigkeit für Arbeiterwohnungen besonders geeignet erscheinen. Es ist zu scheiden zwischen Einrichtungen, welche gleich beim Bau der Häuser zu treffen sind (Anwendung von porösem Baumaterial, Kanäle in den Mauern u. dgl.) und solchen, welche auch nachträglich angebracht werden können.

§ 2. Die Ablieferung der Arbeiten hat bis spätestens 1. Oktober 1891 an den ständigen Sekretär des Deutschen Vereins für öffentliche Gesundheitspflege, Sanitätsrat Dr. Spiefs, Frankfurt a. M, 24 Neue Mainzerstrafse, stattzufinden, und zwar unter einem Kennwort; der Name des Einsenders ist in einem mit dem gleichen Kennwort überschriebenen versiegelten Briefumschlag beizufügen.

§ 3. Das Preisrichteramt haben übernommen: Herr Professor Hermann Fischer (Hannover), Herr Kommerzienrat Rudolf Henneberg (Berlin), Herr Oberbaurat Arnold v. Zenetti (München).

§ 4. Der von den beiden Vereinen ausgesetzte Preis, welcher der besten Arbeit zuerkannt wird, beträgt 500 Mark.

§ 5. Die Vereine behalten sich das Recht der Veröffentlichung der preisgekrönten Arbeit vor. Die übrigen Arbeiten werden innerhalb zweier Monate nach dem Spruch des Preisgerichts auf Wunsch der Einsender an dieselben zurückgesandt.

Der Ausschuss	Der Vorstand
des	des
Deutschen Vereins für öffentliche Gesundheitspflege	**Vereins zur Förderung des Wohles der Arbeiter „Concordia“**
(gez.) Lent.	(gez.) Kalle.

www.ingramcontent.com/pod-product-compliance
Lightning Source LLC
LaVergne TN
LVHW081340011026
849161LV00013BB/2959